Guerra Híbrida

Ensaio

Das jornadas de 2013 à próxima década!

ANDRÉ LUÍS ANDRÉ

ISBN:9798639879012

ANDRÉ, André Luís, 1978 -
Ensaio - Guerra Híbrida à Brasileira/Das jornadas de 2013 à próxima década

Brasil - Aracaju/Sergipe: RM Editoriais & Revisão: 2020.

1.   Guerra Híbrida. 2. Desestabilização Política no Brasil.
3. Movimentos pró-impeachment. 4. Guerra Jurídica.
5. Fake News. 6. Geografia Política. 7. Antifascismo.

Ao mundo de *Miguel* e *Rael*

SOBRE O AUTOR

André Luís André nasceu na cidade de São Paulo em 1978. Cursou o Ensino Fundamental e Médio na Escola Estadual Salvador Allende Gossens entre 1986 e 1997.

É professor com Doutorado Direto (2009), Bacharelado (2003) e Licenciatura (2002) em Geografia, todos os títulos obtidos na Universidade Estadual Paulista - UNESP.

Atuou uma década como professor de ensino fundamental e médio da disciplina de Geografia em instituições públicas e privadas. Bem como atuou como docente do magistério superior em universidade privada na Cidade de são Paulo.

Autor de livros didáticos e dos livros *Visíveis Pela Violência* (2015) e *Ensaios Geopolítica, Cidade e Violência* (2016). Organizador dos livros: *Metrópoles Latino-Americanas* - Geografias de Buenos Aires (2014) - e Globalização, *Regionalização e Novas Ruralidades* (2017).

Foi professor de Geografia Humana na Universidade Federal da Integração Latino-Americana - UNILA -, professor do Programa de Pós-Graduação em Integração Contemporânea da América Latina e do Programa de Pós-Graduação em Direitos Humanos na América Latina entre 2013 e 2019.

Exerceu o cargo de Chefe do Departamento de Pesquisa da UNILA e as funções de Presidente do Comitê Local de Iniciação Científica e Coordenador Institucional em relação às agências de fomento: CNPq e Fundação Araucária. Foi vice-coordenador do Centro Interdisciplinar de Território, Arquitetura e Design - CITAD - e Coordenador Institucional do Programa de Residência Pedagógica.

Desde 2019 é professor de Geografia Humana do Departamento de Geografia do Centro de Educação e Ciências Humanas da Universidade Federal de Sergipe - UFS.

"No século XXI, o mundo ao avesso está à vista de todos; o mundo tal qual é, com a esquerda na direita, o umbigo nas costas e a cabeça nos pés".

Eduardo Galeano

ÍNDICE

PREÂMBULO E APRESENTAÇÃO

Antes de apresentar ao leitor e a leitora do que se trata este livro, é de suma importância expor que as reflexões expostas ao longo dessas páginas são resultados de um acúmulo de leituras, debates, pesquisas e atividades de ensino, extensão e pós-graduação que venho desenvolvendo desde 2013 coincidentemente, mas que se intensificaram com minha participação nos Programa de Pós-Graduação de Integração Contemporânea da América Latina - ICAL - e no Programa de Pós-Graduação em Direitos Humanos na América Latina na Universidade Federal da Integração Latino-Americana - UNILA - a partir de 2017 e, mais recentemente, minha transferência para Universidade Federal de Sergipe em 2019. Nesse período, transitei profundamente entre a Geografia Urbana, o Urbanismo, a Geografia Política e a Geopolítica, a Geografia Econômica e a Economia Política.

Este livro, na verdade um breve ensaio sobre a geopolítica e a economia política brasileira contemporânea, deve ser compreendido como uma contribuição ao entendimento do Brasil que se anuncia para a próxima década, sobre os escombros da desestabilização política acelerada a partir dos protestos que foram massificados nos dias de junho de 2013 e sobre o caos instalado na cúpula do Estado a partir dos resultados das eleições federais de 2018.

A geopolítica e a política nacional estão diante de um processo de disputa nunca visto. A maneira como o país, suas classes, seus segmentos de classes, seus grupos políticos, seus grupos de interesses, suas empresas, suas famílias e, no limite, a maneira com as pessoas vivem e viverão suas vidas daqui em diante está sendo germinada enquanto escrevo essas palavras.

Não será possível compreender o Brasil do século XXI sem compreender que a próxima década - os anos 20 - será tão decisiva em nossa conformação enquanto Estado-Nação e Sociedade, assim como foram os eventos que levaram à Conquista, à Independência, à República, à Era Vargas e a recente Redemocratização pós-Ditadura Militar. A conquista definiu o Brasil colonial por mais de três séculos. A independência definiu o Estado Nacional-Agroexportador pelo século seguinte, os eventos que levaram à República e a Era Vargas definiram o país por um longo período no século XX.

O que se ergueu de instituições e sociedade civil, considerando os retrocessos democráticos dos governos militares de 1964 a 1985, tem sido reformado desde os anos de 1990, com tons de brutalização dos que estão na base da pirâmide social, por um lado, reforçando privilégios e vantagens sociais aos que estão na parte de cima, nas altas esferas do Estado e no controle das atividades econômicas.

O Brasil no restante do século XXI será consequência dos embates que se intensificaram desde os protestos de rua de 2013 e das correlações de força que estão em disputa exatamente nesse instante. A próxima década será condicionante para o país na sequência deste século. Não obstante, será resultado da confluência das forças internas e das pressões externas. Internamente estamos em um franco processo de desestabilização da política estatal e da sua capacidade de regulação dos recursos sob seu poder em território nacional. Na escala internacional estamos numa encruzilhada da qual só os resultados das disputas que ganharão intensidade na próxima década demonstrarão o que será deste país, uma vez que estamos em franca transição hegemônica do sistema internacional do Atlântico Norte - Estados Unidos/Europa Ocidental - para a Eurásia - liderada por China e Rússia.

Toda transição enseja riscos e oportunidades, porém a desestabilização geopolítica-política que o país experimenta o fez até aqui se desviar do caminho de uma insubordinação geopolítica capaz de criar as condições de uma hegemonia brasileira no Atlântico Sul e simultaneamente um maior bem-estar para sua sociedade civil, ainda que devemos considerar suas condições de extrema desigualdades.

Compreender os eventos geopolíticos-políticos que se sucederam desde as jornadas de 2013 até os cenários possíveis para próxima década é fundamental para nos desvencilhar do horror político, econômico e social que se anuncia como opção para o Brasil do século XXI.

Por isso, nossa tarefa é fazer com que este ensaio seja didático, porque os processos que estamos mergulhados são de muita complexidade e exigem intensa abstração. Ser didático é de extrema importância para que seja acessível na linguagem sem ser vulgar em tornar legível os eventos que nos propomos a explicar. Este ensaio precisa ser também um alerta para todas e todos aqueles que têm como princípios a liberdade, a igualdade de condições, a justiça social, radicalização dos mecanismos da democracia e o enfrentamento das formas como o fascismo se apresenta.

Desde 2013 estamos numa vertigem permanente com a desestabilização política, a que chamei neste ensaio de desestabilização verde-amarela. O mal-estar instalado e reforçado dia a dia por novas técnicas de propaganda política dificulta a formulação de resistência, enfrentamentos e alternativas.

A finalidade deste livro é fazer contribuições para a compreensão das origens da desestabilização política brasileira, considerando-a como implicações da Guerra Híbrida lançada no país e contra o país a partir da pequena conjuntura aberta pelas jornadas e protestos de rua de 2013, possibilitando que grupos de interesses variados, de dentro e fora do país, alinhassem seus interesses num projeto de desestabilização e tomada do poder político para uma nova regulação da economia política nacional e seus fatores, sobretudo os recursos do Estado, os recursos naturais e as formas de exploração do trabalho.

Nesse sentido, busquei entender *desestabilização verde-amarela* dentro das disputas por hegemonia no cenário interestatal, considerando a maneira como diferentes segmentos se engajaram na derrubada do governo federal para implantar o que denominei de agenda *facholiberal*, promovendo uma tentativa de *"reboot"* da economia política brasileira que vinha sendo construída desde 2003 nos governos Lula e Dilma Rousseff pelo Partido dos Trabalhadores, um neodesenvolvimentismo liberal para dentro e um multilateralismo para fora.

Não obstante, apresentei três cenários possíveis para a próxima década na geopolítica e na economia política do país: a economia política democrata-liberal-keynesiana em construção, a economia política *facholiberal* em dissolução e a economia política progressista ainda por ser eventualmente elaborada, levando em conta as condições e limites colocadas pela a aceleração das tensões nas relações internacionais entre a potência em declínio - os Estados Unidos - e a potência em franca ascensão - China.

A desestabilização verde-amarela, diferentemente do que ocorreu com situações similares em outros países, tem sido claramente condicionada pelo enredo simplista, contraditório e seletivo de lei, ordem e anticorrupção nos meios de comunicação e redes sociais digitais - ora com continuidade, ora com antagonismo -, pela guerra jurídica nas instâncias do sistema judiciário com papel central da operação Lava Jato e na agenda regressiva em direitos levada por grupos políticos e econômicos com uma máscara de moralismo e cultura pentecostal.

Especialmente neste trabalho, por se tratar de um balanço de reflexões aplicadas à análise do Brasil contemporâneo, eu abri mão de, a cada instante, fazer referências bibliográficas. Só as farei na medida em que entender ser estritamente necessário. Entretanto, isso implica em deixar registrado que, em grande medida, estas reflexões partem de leituras muito subjetivas de minha parte de autores como Giovanni Arrighi, Marcelo Gullo, Franklin Molina, Claude Raffestin, Manuel Castell, Martin Canoy, John Agnew, Andrew Korybko, Neil Smith, Nigel Thrift, David Harvey, Ferdinand Braudel, Kondratieff, Milton Santos, Dorey Massey, Aníbal Quijano, Hakim Bey, Henri Lefebvre e Mark Bray, dentre outros(as) intelectuais a que, vez ou outra, fiz referência ao longo do que está exposto na sequência das ideias desenroladas à frente.

Além disso, também implica em deixar registrado as releituras que fiz de Michel Foucault à Machado de Assis, passando por Tobias Barreto, Caio Prado e Darcy Ribeiro. Essa variação de referências e gêneros textuais sempre me foi caro, mas sempre me foi primordial na construção do pensamento e do entendimento.

Ainda sobre as referências bibliográficas é mister escrever que minha passagem pela UNILA me levou a adotar uma abordagem ontológica em minhas análises: isso implica primeiro num esforço de periodização e de perspectiva multiescalar; segundo, isso exige entender a herança colonial e a colonialidade de nossas relações, e nossa persistente posição inferior na divisão internacional do trabalho; terceiro, denunciar radicalmente formações e relações predadoras, geradoras de processos de marginalização e sobreposição de violências estruturadas em grande medida na política estatal, nos negócios, na lei e nas práticas sociais, das quais a intersecção de classe, raça, gênero e identidade de gênero revelam a cor, o sexo e a identidade das vítimas sociais.

Esta abordagem requer ler cada intelectual com o compromisso de submeter sua produção de teorias, ideias e conceitos a materialidade da realidade a qual estou inserido e a dinâmica concreta da formação estatal e social correspondente, levando à triagem das ideias, reconhecendo seus limites e abrindo caminho para confrontar as referências com a realidade/espaço e então abrir caminho para pensar a ontologia de nossas vidas e dos espaços nos quais estamos mergulhados.

Outra coisa importante para ficar registrado antes de partir para o cerne deste trabalho é que ele foi escrito no auge da pandemia de COVID-19, particularmente no isolamento social sugerido pela Organização Mundial da Saúde e adotado pela sociedade brasileira para enfrentar o caráter exponencial de contágio do vírus a contragosto de parte da elite econômica nacional e do governo central, o que será importante para que o leitor entenda conceitos que vou esboçar mais adiante, especificamente os conceitos de *desestabilização política* ou *política da desestabilização, Guerra Híbrida* e *firehosing* - como técnica de propaganda e governo alicerçado na difusão de mentiras e desinformação em múltiplos canais de comunicação, sobretudo os digitais.

É importante afirmar de saída que a pandemia de COVID-19 acelerou processos que já estavam em curso, alguns dos quais quiçá levariam anos para ser vivenciados. Os cenários geopolíticos e políticos foram abruptamente colocados em marcha!

Feitas essas colocações preliminares, o objetivo deste trabalho é oferecer uma legibilidade para compreender o Estado, a sociedade e o território brasileiro no período posterior aos protestos de rua que se iniciaram em 2013 e traçar assim cenários possíveis para a próxima década no que se refere à geopolítica e à economia política do país, considerando as condições, as contradições e as possibilidades colocadas para a sociedade civil brasileira.

Para tanto, começo rememorando os eventos de junho de 2013 para em seguida tratar da transição hegemônica do sistema internacional, para então tratar da teoria da Guerra Híbrida e a constituição da ideologia verde-amarela. A seguir faço um esforço para demonstrar os segmentos e grupos de interesse que transformaram as jornadas de rua de 2013 em projeto de derrubada do governo federal brasileiro de então e assim redefinir a economia política que vinha sendo adotada desde 2003 com a eleição do presidente Luís Inácio Lula da Silva e o Partido dos Trabalhadores - PT.

Encerro este livro elaborando três cenários possíveis para a próxima década, que já mencionei acima: a saber: um primeiro comandado pela direita liberal já em construção, um segundo em dissolução liderado pela extrema-direita e um último a ser construído pelas forças progressistas. É preciso escrever que são cenários em disputa, que não estão sob controle absoluto de seus operadores, independentemente da estrutura e da natureza de seu poder.

Compreender a desestabilização brasileira desde os eventos de 2013 será não apenas necessário, mas fundamental para a construção de uma economia política que dê a cada brasileiro e brasileira direitos aos recursos do território. Este processo ainda precisará ser profundamente investigado, seus operadores ainda terão que ser profundamente compreendidos, sua agenda terá que ser intensamente rechaçada. Ela se articulou basicamente de operadores midiáticos, no judiciário e na disputa partidária, posteriormente arrastando setores empresariais, segmentos da classe média, segmentos populares ligados à grupos religiosos, forças de segurança e milícias.

Num enredo anticorrupção, lei e ordem, fundiu supremacismo de classe, racismo, patriarcalismo, pseudomeritocracia, religiosidade, anti-intelectualismo, obscurantismo e uma caricatura de nacionalismo para envernizar um Estado de controle social - facho - e uma política econômica ultraliberal dependente.

A desestabilização verde-amarela é sem sombra de dúvidas a maior experiência de Guerra Híbrida até aqui nestas duas primeiras décadas do século XXI, as experiências similares no cáucaso, nos balcãs, no leste europeu, no oriente médio, norte da África, Paraguai, Honduras, Venezuela e até mesmo em Hong Kong, não chegam nem perto da articulação complexa de desestabilizar o maior país da América Latina e promover um *"reboot"* de sua economia política. Com exceção de Hong Kong cujo a desestabilização está em curso, nenhum dos Estados Nacionais que passaram pela experiência similar a experiência brasileira de desestabilização conseguiu retomar uma economia política estável. Obviamente que este processo que ainda se desenrola no país, já enfrenta seus limites e consequências, e começa a esboçar reações. No entanto, os sinais de uma possível estabilidade da economia política ainda não são visíveis. Se considerarmos a crise sanitária que se abateu sobre o mundo, o horizonte é ainda mais imprevisível e incerto.

No Brasil a desestabilização verde-amarela ainda nos dará lições de relações internacionais, ciência política, história, geografia, geopolítica, economia, direito, comunicação e cultura. Aqui como em nenhum outro país se convergiu e se articulou com maestria interesses externos e oposição interna. Aqui, uma economia política de quase uma década e meia foi desfeita em pouco mais de dois anos, o que indica suas contradições, limitações e sua fragilidade.

Há lições para a toda a sociedade civil!

É preciso ter olhar e ação multiescalar, ao tensionar um governo num ambiente internacional hostil é preciso ter cuidado para evitar abrir caminhos para regressões sociais múltiplas. Não é possível conciliar interesses sociais com elites arcaicas, cujo projeto imediato é a espoliação e a despossessão geral. Não se flerta com fascistas sem ser trucidado por eles. A instabilidade organizada como oposição política não pode ser controlada, ela corrói o ambiente de negócios, sua agenda facholiberal corrói os mercados e a vida. Não se espalha desinformação sem perder a credibilidade e sem promover a insanidade coletiva. Não se negligencia forças paralelas/milicianas/paramilitares sem ter que confrontá-las à diante. A desproteção dos mais pobres implica na fragilidade de manter contratos sociais amplos, a precarização econômica destes não demorar a bater à porta.

A Guerra Híbrida à brasileira, a partir das jornadas de junho de 2013, precisa ser compreendida para que o Brasil da próxima década não seja uma *bota* no rosto da sociedade civil e nem tão pouco um Estado de *abate* das classes e segmentos de classe subalternas.

Feita essas considerações sobre o conteúdo do que vem a seguir, quero agradecer aos colegas com quem trabalhei na UNILA, especialmente os professores e professoras: Roberto França Junior, Lucas Kerr de Oliveira, Marcelo Augusto Rocha, Félix Pablo Friggeri, Leonardo Name, Senilde Guanaes, Andreia Moassab, Céline Veríssimo e (em lembrança) Wolney Carvalho.

Agradecimentos também alguns dos (as) graduados (as) e mestres que tive a oportunidade de orientar, dialogar e aprender: Micaela Lombide, Agustina Cola, Ignacio Maia, Valéria Rodrigues, Pedro Lucas Gil Silva, Fátima Rocha, Abrahan Madri, Luiz Felipe Rodrigues e Dalila Garcia.

Agradeço ao professor Jocenilson Ribeiro do Santos, meu colega na UNILA e agora meu colega também na UFS, com quem compartilhei muitas discussões deste livro e que revisou partes importantes da redação.

Por fim, imensos agradecimentos a Universidade Federal da Integração Latino-Americana e a Universidade Federal de Sergipe por permitirem um ambiente acadêmico de muitas reflexões e aprendizados, mesmo em momentos de fortes dificuldades para a Ciência brasileira.

1. AS JORNADAS DE RUAS DE 2013
DAS CIDADES REBELDES AO FACHOLIBERALISMO

Se é possível realmente traçar eventos de partida da desestabilização política brasileira como Guerra Híbrida nessa última década e assim buscar explicações para o momento e o lugar histórico que deu início as manifestações que derrubaram o governo do Partido dos Trabalho depois de 14 anos de gestão e quatro vitórias eleitorais consecutivas, abruptamente interrompido com o *impeachment* da presidenta Dilma Rousseff em 2016, seguida da reestruturação da economia política nacional e regulação do território brasileiro, ainda com a gestão do vice de Dilma Rousseff, Michel Temer, e posteriormente a eleição do ex-capitão do exército e deputado federal por quase três décadas, Jair Messias Bolsonaro, esses eventos são as manifestações iniciadas em 6 de junho de 2013 na cidade de São Paulo, inicialmente organizada pelo Movimento Passe Livre - MPL -, a Assembléia Nacional dos Estudantes Livres - ANEL - e grupos anarquistas, alguns dos quais com táticas *blakc blocs*.

Naquele ano houveram manifestações por direito ao transporte por organizações anarquistas e autonomistas antes mesmo de junho. Houveram manifestações em Goiânia, Salvador e Porto Alegre, mas elas não desencadearam a pequena conjuntura que das manifestações que ocorreram em São Paulo, porque, dentre outras coisas, não se estenderam e nem tampouco se massificaram e por isso não precisavam ser domesticadas e re-apresentadas pelas autoridades políticas e os políticos, e pela empresa corporativa , de modo a conter sua radicalidade e ativismo social (RODRIGUES e RAMOS, 2019).

As manifestações em São Paulo não podiam ser contidas, sem poder contê-las elas foram não somente domesticadas mas canalizadas para um *"reboot"* da economia política. Foi assim que manifestações pelo direito ao transporte como parte do direito aos recursos da cidade se transmutaram em desestabilização política com o golpe brando em Dilma Rousseff e em política de desestabilização com a chegada ao poder de Jair Messias Bolsonaro.

Como manifestações que surgem para reivindicar o direito ao transporte público, acessível e adequado para a circulação das pessoas pela cidade de São Paulo e sua Região Metropolitana, se transformaram numa crescente de manifestações contra o *establishment* político com conteúdos reacionários de tal ordem que foi capaz de produzir uma grande episteme de discursos, ações e políticas que imbricam um ultraliberalismo descolado da realidade e um fascismo caricato, mas que nem por isso deixa de trazer tragédias e farsas, sobretudo quando tomam as políticas de governo?

Compreender como reivindicações pelo bem-estar dos habitantes das cidades criaram as condições para fascismos sociais e políticas *facholiberais* será a grande lição para a política brasileira dessa e da próxima geração. O *facholiberalismo,* junção de técnicas de propaganda, técnicas de controle social, tensionamento pela restrição da imprensa e repressão política, com práticas de desestruturação do Estado em nome de negócios sem restrições operados por empresas, bancos e investidores de capitais, contraditoriamente encontrou uma oportunidade na pequena conjuntura das jornadas de junho de 2013, cujo objetivo inicial era o direito ao transporte como representação do direito à cidade - ao transporte, ao lazer, à educação, ao trabalho decente, à moradia e a saúde (LEFEBVRE, 2001; HARVEY, 2014; HARVEY et al, 2015).

As políticas *facholiberais* que se estabeleceram a partir da desestabilização política e da política de desestabilização são um híbrido de choque e horror econômico implantado a partir do Estado, que opera, por sua vez, mecanismo de controle, violência e desumanização da oposição e da resistência política, apelando para técnicas de desinformação, forças de segurança ou forças militarizadas que permeiam o aparelho de Estado. A isso voltaremos à diante!

O MPL - organização autônoma, sem vínculos partidários, de gestão horizontal e independente, desde seu surgimento oficial em 2005, reivindica transporte público e gratuito para todos. A ANEL - entidade que surgiu para ser uma alternativa à União Nacional dos Estudantes - UNE -, que é ainda hoje a maior organização estudantil do país, fundada ainda na Era Vargas em 1937, ano em que Getúlio Vargas deu um autogolpe e o chamou de Estado Novo, ao modo do fascismo polonês e a exemplo do que Salazar fez em Portugal. A ANEL nasceu em 2009 por iniciativa de estudantes ligados ao Partido Socialista dos Trabalhadores Unificado - PSTU -, que, por sua vez, foi fundado em 1994 numa dissidência do Partido dos Trabalhadores - PT -, assumindo uma leitura trotskista[1] da realidade. Assim como o PSTU desde sua fundação tem sido crítico da opção social democrata do PT, a ANEL surgiu como crítica a atuação da UNE em proximidade com a gestão federal daquele partido.

---

[1] O trotskismo, grosso modo, é uma vertente do marxismo que tem como referência os escritos e a militância do ucraniano Leon Trotsky. Em oposição crítica ao que acredita ser a burocratização das ideias e proposições de Marx, Engels e Lênin no governo de Joseph Stalin, Trotsky propôs o que chamou de revolução permanente em direção ao comunismo mesmo em países que não atingiram as melhores condições de modernização capitalista e a internacionalização da revolução, uma vez que Stalin adotou a política idealizada por Nikolai Bukharin de "Socialismo em um só país" diante das derrotas das revoluções socialistas no restante da Europa nas primeiras décadas do século XX. Stalin, após a morte de Lênin, assumiu o poder na ex-União Soviética e governou de 1922 a 1953, Trotsky morreu assassinado a mando de Stalin em 1940 no México, país em que se manteve exilado desde que foi banido da União Soviética pelo próprio Stalin (KONDER, 1995; GROPPO, 2008).

Os grupos anarquistas[2] presentes nas manifestações eram formados principalmente por estudantes universitários, pertencentes às classes médias da cidade de São Paulo, críticos da hierarquia partidária, adotando a ação direta, as táticas *Black Bloc*[3] e exibindo seus símbolos, marcharam juntos com o MPL e a ANEL voltando com intensidade para a cena da política local e nacional.

---

[2] Anarquia significa ausência de poder, na história dos movimentos anarquistas isso significa uma crítica radical do uso do Estado e dos Governos para manter hierarquias sociais, desigualdades e opressões. O movimento anarquistas desde o século XIX manteve uma série de tendências. Diferentemente do marxismo que acabou se configurando como uma epistemologia acadêmica, o anarquismo se constituiu em princípios de liberdade individual e social e a promoção da igualdade de condições. Para exemplificar, Mikhail Bakunin, contemporâneo de Karl Marx e uma das principais referências do movimento anarquista em toda sua história, dizia que a liberdade sem a igualdade é como estar à beira de um precipício e que a igualdade sem liberdade é como ser um prisioneiro. O movimento anarquista em suas vertentes se opôs tanto ao liberalismo e ao Fascismo, correntes de pensamento calcadas em diferentes formas de capitalismo, quanto ao marxismo, fazendo a crítica radical da maneira como os marxistas entendem o papel do Estado na transformação da sociedade. Para os anarquistas, de modo geral, o fim da concentração do poder político nas mãos do Estado é tão importante como o fim da concentração dos meios de produção nas mãos das elites econômicas dentro das sociedades capitalistas (WOODCOCK, 2008). No começo do século XX a atuação dos anarquistas no Brasil foi de suma importância para o movimento operário e sindical, o ponto máximo foi a Greve Geral de 1917, a primeira greve geral organizada por trabalhadores no país. A partir de 1922, com a fundação do Partido Comunista Brasileiro, o movimento anarquista entrou num refluxo, ganhando novo fôlego a partir dos anos 2000.

[3] A tática *Black Bloc (bloco preto) se refere a um agrupamento de pessoas com os rostos cobertos e vestidos de preto formando uma linha de frente de manifestações sociais, a   tática* surgiu na Alemanha nos anos de 1980 utilizada por grupos anarquistas para defender ações sociais da violência policial e da ação de grupos neonazistas, A tática Black Bloc ficou conhecida principalmente a partir dos protestos no encontro da Organização Mundial do Comércio na cidade de Seattle nos Estados Unidos, em 1999. Uma das táticas Black Bloc é o ataque à símbolos que representam o capital financeiro, como bancos, ou símbolos de empresas multinacionais, esses ataques são conhecidos como *performance*. Os rostos cobertos e as roupas escuras garantem o anonimato, as *performances* são uma tentativa de chamar atenção para o poder que os bancos e as multinacionais detém no mundo contemporâneo (DUPUIS-DÉRI, 2014).

Os protestos que ficaram conhecidos como as *jornadas de junho* criaram a oportunidade política para a convergência das oposições ao Partido dos Trabalhadores - PT - em diferentes escalas, que acabaria na desestabilização política perpassada pelo golpe brando em Dilma Rousseff em 2016 e o *"reboot"* da economia política nacional de nuance *facholiberal* desde então iniciada pelo seu vice-presidente levado ao poder naquele ano, Michel Temer, e radicalizada com a chegada de Jair Messias Bolsonaro ao poder nas eleições federais de 2018.

Ironicamente, os protestos contra o aumento das tarifas de ônibus, metrôs e trens anunciado pelo prefeito de São Paulo e pelo Governador do Estado, respectivamente Fernando Haddad do PT e Geraldo Alckmin do PSDB[4], dois dos maiores partidos da redemocratização brasileira, que se alternaram no poder durante 22 anos em nível federal, marcam a reinserção de movimentos anarquistas na cena política do país, em grande medida reorganizados por meio das redes sociais digitais, bem como o ressurgimento de grupos neofascistas que estavam completamente à sombra e que se somaram aos grupos que convergiram desde as jornadas de 2013, completamente afetuosos à formas de fascismos sociais e liberalismo/horror econômico.

Isto implica em dizer que os processos de exclusão e marginalização seculares na sociedade brasileira ganham impulso, os poucos e precários direitos sociais vão sendo confiscados, as classes e segmentos populares vão

---

[4] Partido da Social Democracia Brasileira - PSDB - foi fundado em 1988 em pleno processo de formulação da constituição brasileira de 1988. O partido teve origem em uma dissidência do Movimento Democrático Brasileiro - MDB - que, por sua vez, foi o único partido político de oposição admitido durante a ditadura brasileira de 1964 a 1985. Desde sua fundação o partido foi se alinhando com uma agenda de economia política neoliberal, aglutinando principalmente setores empresariais, profissionais liberais e segmentos das classes médias do Centro-Sul do país.

experimentando a dissolução de expectativas, dos contratos e formas de proteção social, o Estado predador, criminalizador e punitivo devora a democracia de baixa intensidade que temos e seus poucos instrumentos de bem-estar (SANTOS, B., 1998).

As redes de indignação que iniciaram os protestos de junho de 2013 deram origem às redes de reação *facholiberais* - pessoas e grupos portadoras e mobilizadas em torno de uma agenda política marcada pela busca da suspensão democrática, numa receita que envolve militarismo e paramilitarismo, messianismo e subnacionalismo, neoliberalismo e regressão dos direitos individuais, civis e políticos.

Grupos anarquistas, o MPL e a ANEL iniciaram protestos que primeiramente reuniram algo em torno de 5 mil pessoas, em 6 de junho de 2013, dias depois de Prefeito e Governador anunciarem o aumento na tarifa dos transportes de R$ 3,00 para R$ 3,20. A chamada dos manifestantes tinha um bom senso de oportunidade histórica, aquela altura o Estado de São Paulo já havia vivido uma geração de políticas liberais para os serviços sociais, sobretudo os serviços de mobilidade, sob gestão do PSDB. O baixo investimento e a privatização da infraestrutura e da gestão dos trens metropolitanos e do metrô, somados aos preços e ineficiência dos ônibus da cidade de São Paulo, ofereciam uma conjuntura local de insatisfação.

Por outro lado, a gestão municipal e federal estavam nas mãos do PT, em nível municipal havia a impressão de que o prefeito Fernando Haddad, não tinha a força política para enfrentar as empresas de ônibus e corroboraram as políticas de gentrificação e remoção ligadas às infraestrutura dos megaeventos - Copa das Confederações, Copa do Mundo, Paraolimpíadas e Olimpíadas - previstas para ocorrer entre 2013 e 2016.

Vale lembrar, que o transporte público por meio de ônibus na cidade de São Paulo desde 1946 era gerido e oferecido pela Companhia Municipal de Transportes Coletivos - CMTC. Até 1977 a empresa pública municipal era responsável por todo o transporte coletivo feito por meio de bondes, ônibus e *trólebus* - um ônibus elétrico alimentado por um mecanismo de transmissão de energia acoplado na parte superior do veículo e conectado a fios eletrônicos ao longo da via -, que circulavam na cidade.

A partir de então a CMTC passou a oferecer concessões a empresas privadas, mas ficou ainda responsável por linhas que contornavam a cidade de forma circular e por linhas que faziam trajetos radiais ligando às periferias ao centro da cidade. Ao longo da década de 1970 e 1980 a empresa foi responsável pela implantação da infraestrutura de ligação entre ônibus-metrô e ônibus-trens metropolitanos, bem como uma série de terminais de ligação por toda a cidade em ampla expansão naqueles anos, além de ter dominado a tecnologia de produção dos seus próprios *trólebus*, desde 1968, uma vez que os primeiros veículos dessa natureza havia sido importados dos Estados Unidos.

Na década de 1990 as políticas liberais chegaram à CMTC e após uma primeira reestruturação feita pelo então prefeito Paulo Salim Maluf[5] - político

---

[5] Paulo Salim Maluf é um dos políticos mais longevos e influentes na cidade e no Estado de São Paulo, nascido em 1931, de origem libanesa e engenheiro civil de formação pela Universidade de São Paulo - USP -, foi prefeito e governador nomeado pela Ditadura Militar, foi prefeito eleito entre 1993 e 1996, e deputado federal por quatro vezes. Envolvido em desvios de dinheiro público e lavagem de dinheiro cumpre atualmente prisão domiciliar e tem um mandado de prisão emitido pela Interpol desde 2010, o que o impede de sair do país sob pena de prisão. Maluf deu nome ao malufismo, uma pensamento político conservador resumido na frase: *"rouba mas faz"* que caracterizou suas gestões. Maluf usava a construção de grandes obras públicas viárias de suas gestões para promover superfaturamentos e desvio de dinheiro. Uma de suas últimas obras na prefeitura de São Paulo, o complexo viário Ayrton Senna - um conjunto de vias subterrâneas que liga duas das principais avenidas da cidade -, custou 738 milhões de reais, o valor de custo da obra era de 147 milhões.

egresso da ditadura militar - que demitiu cerca de 5 mil funcionários e da privatização feita em 1995 por Maluf, o transporte coletivo por ônibus na cidade entrou em colapso, sem deixar de ser lucrativo para as 47 empresas que compraram pedaços da CMTC e deixaram as periferias descobertas de transporte. Cabe dizer que a própria família de Paulo Maluf comprou partes da CMTC.

Após a privatização da CMTC as promessas de modernização e eficiência não se cumpriram. As empresas abandonaram as rotas circulares e as rotas entre o centro da cidade e as periferias, o que fez surgir um mercado clandestino. Nos anos seguintes o transporte público foi disputado por empresas que não viam outra coisa além dos lucros, grupos políticos, pequenas máfias e grupelhos milicianos, sindicatos que eram disputados a base de assassinatos e autônomos que buscavam um ocupação numa cidade que experimentou naqueles anos a desindustrialização, o declínio do emprego industrial, o aumento da informalidade e precarização do trabalho, a difusão de formas de violência cotidianas e a brutal fragmentação social.

A cidade de São Paulo virou o milênio como um protótipo de desenvolvimento urbano liberal de áreas blindadas e áreas pedradas. Os megaeventos trazidos pelos governos do PT levaram isso a um patamar ainda mais elevado, uma vez que a instalação das infraestruturas ultrasofisticadas exigiam remoções populacionais e suntuosos gastos públicos. A cidade de São Paulo se transformou numa colagem de áreas marginalizadas e globalizadas juntas pela vigilância, pela norma e pelas formas de blindagem pública e privada.

Marta Suplicy, prefeita pelo próprio PT entre 2001 e 2003, havia entrado em confronto com os empresários do setor de transporte. Marta estabeleceu uma regulação do setor de transporte que afrontou os lucros das empresas, levou à diante a regularização do transporte de microônibus que era oferecido nas periferias da cidade após o colapso que a privatização havia gerado e implantou o serviço que ficou conhecido como *bilhete único*[6], um cartão magnético que carregado com valores em dinheiro permitia ao usuário do transporte circular de forma ilimitada pelos ônibus da cidade num intervalo de quatro horas pagando apenas uma única passagem. Para tanto, teve que enfrentar algumas greves promovidos pelos donos das empresas e sindicatos.

Na escala federal já vivíamos uma década de governos do PT. O ano de 2013 era o ano pré-Copa do Mundo e como teste preparatório para o megaevento que compunha o *soft power* da geopolítica daquele governo, naquele mesmo mês de junho ocorreu a Copa das Confederações organizada pela Federação Internacional de Futebol Associação - FIFA. A cidade de São Paulo e outras grandes cidades brasileiras teriam os holofotes da imprensa internacional, foram elas veículos de uma estratégia internacional mais autônoma sem deixar de promover uma *haussmanização*[7] do espaço urbano,

---

[6] O serviço de bilhete único anos depois se estendeu para toda região metropolitana, inclusive metrôs e trens geridos a partir do governo do Estado, obviamente por forte pressão social. As gestões que sucederam a prefeita Marta Suplicy foram paulatinamente restringindo o caráter ilimitado da versão original, limitando a quantidade de ônibus, metrô e trem possíveis de circular pagando apenas uma única passagem. De qualquer modo, este é o serviço desta natureza mais importante de todo o hemisfério ocidental, no mundo só perde para o serviço de mobilidade de Hong Kong.

[7] Georges-Eugène Haussmann foi um político e administrador da França de Napoleão III, após as revoltas populares de 1848 na Europa, nas quais Paris havia sido um dos epicentros, Haussmann foi nomeado por Napoleão prefeito de Paris. Sua missão era promover uma reforma urbana que abrisse vias (Bulevares) que permitisse a entrada rápida do exército e a saída das elites em caso de revolta popular, para isso demoliu as partes centrais da cidade e expulsou os pobres das áreas centrais para que as elites pudessem se acomodar. Os bulevares de Haussmann influenciaram o urbanismo em todo mundo. Ainda hoje as perspectivas

generalizando formas de *gentrificação* - remoção dos pobres - e marginalização. Um paradoxo que começou a rachar depois do anúncio pelas autoridades do aumento das tarifas de transporte. Os conflitos de classe e segmentos de classe que vinham sendo administrado pelo PT não puderam mais ser acomodados.

Logo após o anúncio do aumento das tarifas no dia 2 de junho daquele ano, o MPL, a ANEL e grupos anarquistas começaram a convocar pessoas para participar de um primeiro ato contra o aumento marcado para o dia 6, utilizando massivamente as redes sociais, sobretudo o *Facebook*. Com a concentração feita no Largo da Batata em São Paulo, na área sudoeste da cidade, próximo ao campus da USP, os manifestantes reuniram 5 mil pessoas. O ponto alto da manifestação foi o fechamento de uma das pistas da Marginal Pinheiros, uma das grandes avenidas que junta com a Marginal Tiête circunda parte da cidade. Ao fechamento da avenida seguiu-se uma rápida intervenção da tropa de choque da polícia militar, já com uso da força e da violência.

No dia 11 de junho uma nova manifestação, a linha de frente *Black Bloc* participou ativamente protegendo a manifestação e realizando suas *performances* contra agências bancárias por onde a marcha passava. Naqueles dias circulavam orientações nas redes para os manifestantes levarem vinagre para ser usado para aliviar os efeitos de eventuais bombas de gás lacrimogêneo utilizadas pela polícia. Manifestantes que chegavam no local de partida do ato que portavam vinagre eram presos. A marcha seguiu até o terminal de ônibus Parque Dom Pedro que liga o centro da cidade à zona leste. Para impedir que os manifestantes entrassem no terminal a polícia atacou com bombas e balas

---

de melhoramento da infraestrutura urbana mediante a remoção dos pobres e assentamento das elites é muito influente no urbanismo brasileiro, sobretudo o praticado pelo Estado, o que não é exclusivo dos grupos políticos conservadores quando estão no poder (PINHEIRO, 2011).

de borracha. Ao final 20 manifestantes haviam sido presos, um outro braço da marcha na Avenida Paulista - uma caricatura de boulevard haussmaniano - também sofreu a intervenção policial.

No dia seguinte, o governador do Estado, Geraldo Alckmin, deu uma entrevista de Paris afirmando que as manifestações eram feitas por criminosos e vândalos. O que recebia o reforço editorial das corporações de comunicação - as impressas e televisivas. Os editoriais da Folha de São Paulo e do Jornal Estado de São Paulo (Estadão) clamavam por uma intervenção bruta do governo do Estado, contra os atos e passeatas, contra o fechamento de ruas e avenidas, contra o ataque as propriedades bancárias e corporativas, e contra as ocupações de prédios públicos.

Novas manifestações foram convocadas para o dia 13 de junho, nesse dia houve uma escalada da violência policial em resposta aos editoriais impressos e televisivos, as bombas de efeito moral e gás, as balas de borracha, a cavalaria e a tropa de choque foram utilizadas contra os manifestantes. A polícia militar os atacou no momento em que negociavam o trajeto com o MPL. Foram mais de 200 presos, centenas de feridos, inclusive duas dezenas de jornalistas, um profissional da imprensa chegou a perder um dos olhos após tomar um tiro de borracha no rosto. Os telejornais policialescos, os telejornais da noite e a mídia impressa falava em baderna. Um dos colunistas televisivos da rede globo, Arnaldo Jabor, afirmou ao vivo que os manifestantes não valiam nem vinte centavos. Quando os vídeos gravados por pequenas câmeras e celulares mostrando as imagens da brutalidade policial começaram a se difundir pelas redes sociais digitais, a narrativa de baderna das autoridades estatais e da imprensa corporativa tiveram que se contradizer. As estimativas de manifestantes daquele dia são de 500 mil pessoas.

A brutalidade policial vista no *Youtube* e *Facebook* e depois vista nas redes de televisão, obrigaram os grandes veículos de imprensa e o *establishment* político a fazer uma inflexão. Sem poder conter as manifestações, entre a brutalidade do dia 13 e os novos atos do dia 17, as autoridades estatais e a mídia corporativa partiram para uma operação de domesticação dos atos, mediante o enredo do *bom* e do *mau* manifestante, sendo o *bom* aquele não atenda contra a propriedade corporativa e estatal, e nem tampouco interfere na circulação da cidade, o *mau* aquele que faz o contrário disso e ousa ainda reivindicar a cidade para luta anticapitalista. Não obstante, essa operação de transmutação do significado das manifestações implicou na ampliação das pautas a ponto despolitizar a pauta inicial e a continuidade das manifestações pulverizando as reivindicações.

No ínterim entre uma manifestação e outra, ainda foi introduzido a questão da anticorrupção como tema gerador, aberto à múltiplos entendimentos e à várias posições no espectro político. Daí o Projeto de Emenda Constitucional 37/2011 (PEC 37/2011) aparecer como tema nas manifestações do dia 17 de junho levadas por manifestantes vestidos com as cores verde e amarela da bandeira do Brasil. A PEC previa uma alteração na constituição que propunha restringir as investigações criminais as polícias civis estaduais e a polícia federal, de tal maneira que retiraria do do Ministério Público atribuições investigativas. A PEC 37/2011[8] foi chamada na imprensa de "*PEC da Impunidade*".

A partir daí as manifestações convocadas pelo MPL, pela ANEL e por grupos anarquistas não apenas saíram do controle, mas foi absorvida pela própria imprensa e pelas autoridades de modo a despolitizá-la ou politizar no

---

[8] A PEC 37/2011 foi arquivada no Congresso Nacional por 430 votos a favor do arquivamento e 9 votos contra em 25 de junho de 2013.

sentido de promover outros interesses. No intervalo de cinco dias para a manifestação seguinte, os interesses corporativos já haviam se organizado para blindar seus interesses, mas ainda teriam que lidar com um enxame de manifestantes, alguns dos quais ao invés de carregar as bandeiras pretas, pretas e vermelhas ou vermelhas dos movimentos de esquerda que iniciaram os protestos, carregavam bandeiras do Brasil e usavam camisas da seleção brasileira de futebol. Dalí em diante as manifestações foram massificadas pela imprensa, a esquerda nas ruas perderam o condicionamento dos atos, a imprensa corporativa disputou as manifestações difundindo-as e conseguiu alterar seu espectro político e de quebra direcioná-las contra o PT, o lulismo e seu neodesenvolvimentismo liberal.

A repressão policial e o apoio da mídia corporativa a partir das manifestações do dia 13 de junho, levou mais de um milhão de manifestantes em atos por todo o país - especialmente em São Paulo, Rio de Janeiro, Belo Horizonte, Porto Alegre, Cuiabá, Recife, Salvador, Manaus e Brasília - no dia 17 de junho. A Rede Urbana brasileira entrou num curto-circuito, seus fluxos começaram a desacelerar. Do Largo da Batata em São Paulo os manifestantes seguiram para várias direções da cidade, inclusive para o palácio dos Bandeirantes, sede do governo do Estado.

No dia seguinte, 18 de junho, novas manifestações pela cidade e pelo país. Em São Paulo os manifestantes saíram da Praça da Sé e seguiram em três direções: Parque Dom Pedro, Avenida Paulista e Prédio da Prefeitura. Dezenas de lojas saqueadas pelo centro de São Paulo e agências bancárias depredadas não foram absolutamente nada diante das imagens do carro da Rede Record de Televisão pegando fogo e de um rapaz de camisa branca chutando a porta de entrada do prédio da prefeitura de forma enfurecida. A guarda civil municipal que protegia o prédio conseguiu impedir a entrada dos manifestantes. A tropa de choque da polícia militar do governo do Estado demorou horas para chegar, num movimento que parecia arquitetado. Naquela noite mais de 60 manifestantes foram presos. O prefeito Fernando Haddad se reuniu com o ex-Presidente Lula e com a então Presidenta Dilma Rousseff ainda naquela noite, muito provavelmente sem saber o que fazer porque estava entre a pressão popular e o lobby feroz das empresas de ônibus.

No dia seguinte, 19 de junho, visivelmente constrangido, ao lado do Governador Geraldo Alckmin, o Prefeito anunciou a revogação do aumento das tarifas. No mesmo pronunciamento o Governador afirmou que a revogação seria possível mediante a diminuição dos investimentos no setor de mobilidade urbana porque as empresas não teriam como arcar com os custos da revogação. Aqui, o MPL, a ANEL e os anarquistas de fato conseguiram o que reivindicavam e de quebra fizeram PT, PSDB e PMDB retrocederem.

Em 20 de junho novas manifestações. O MPL, a ANEL e os anarquistas foram às ruas para comemorar a vitória que tiveram naquele momento, sem saber que perdiam a partir dali as pautas e as representações dos atos que iniciaram. Naquele mesmo dia, após anos no submundo mais profundo da política e das cidades, grupos fascistas, skinheads, supremacistas brancos e neonazistas iniciaram a cooptação de manifestantes despolitizados ou desavisados para pautas que remetiam à corrupção, expressa na PEC 37/2011. Enquanto o Palácio do Itamaraty pegava fogo após uma tentativa de invasão do Congresso nacional em Brasília, fascistas de diferentes matizes jogaram as brasas do discurso moral nas ruas.

A esquerda nas ruas perdia então a capacidade de condicionar as manifestações nas ruas e se retirou dos atos, numa ação francamente ingênua, a esquerda no poder representada pelo PT enxergava nos atos uma forma de desestabilizar um governo popular, o que francamente foi uma representação arrogante que a partir dali passou a ser verdade.

Dias depois, em 26 de junho, a Presidenta Dilma fez um pronunciamento valorizando os aspectos democráticos das manifestações sem saber que já estava sob ataque híbrido. Manifestantes marcharam em direção ao Estádio do Mineirão em Belo Horizonte onde ocorria o jogo pela Copa das Confederações entre Brasil e Uruguai.

Dia 30 de junho, pela final da Copa das Confederações, o Brasil venceu a Espanha, campeã do mundo em 2010 na Copa do Mundo da África do Sul, por 3 a 0. Manifestações ocorriam por todo o Brasil enquanto o público presente no Estádio do Maracanã no Rio de Janeiro, cantava o hino nacional brasileiro à capela. Um momento de emoção e comoção que viria a consolidar o espectro político que prevaleceu nas ruas daqueles dias.

Os atos de uma composição de esquerda anarquista, libertária e trotskista foram mansamente ganhando escala nas jornadas de junho de 2013. A medida que isso ocorria foram sendo canalizados para representações despolitizadas e fascistóides porque essas cabiam melhor nos interesses do consórcio político-corporativo-midiático que se compactou a partir dali para salvaguardar seus planos. As cores típicas dos movimentos libertários foram substituídas pelas cores verde e amarela, numa transmutação possível apenas por *experts* em despolitizar lutas sociais ou canalizá-las para operações políticas.

Estamos em desestabilização desde então!

2. A TRANSIÇÃO GEOPOLÍTICA DO SÉCULO XXI E A DESESTABILIZAÇÃO POLÍTICA BRASILEIRA

A desestabilização política e a consequente política de desestabilização que estamos vivendo no Brasil deve ser compreendida dentro da transição hegemônica corrente. As disputas pela hegemonia internacional fazem emanar dos países líderes hegemônicos as mais variadas políticas externas para sitiarem os países liderados dentro de suas agendas internacionais. Provocar ou ajudar a provocar a desestabilização política de países é estratégico nas disputas hegemônicas desde sempre. Isso está no repertório das hegemonias há séculos, mas a desestabilização como Guerra Híbrida que vivemos no Brasil é um processo que tem elementos novíssimos, daí a dificuldade de reconhecê-lo e a dificuldade em produzir a estabilização política novamente.

As jornadas de junho de 2013 ofereceram a pequena conjuntura, foram na verdade a quebra na alienação da vida cotidiana de que falou Henri Lefebvre (1977). As dinâmicas da vida cotidiana e de sua ordem imediata se chocaram com a alta política e a geopolítica, e já não se acomodam mais no mesmo estado de coisas. Isso implica em afirmar que não é mais possível retroceder na história e na sucessão dos eventos, é preciso construir um novo ambiente institucional, normativo e contratual de acomodação dos conflitos presentes na sociedade civil, na arena estatal e no mercado nacional, bem como entre as empresas, grupos políticos, classes, segmentos de classes, famílias e pessoas que permeiam essas instâncias.

Eu tenho compreendido já há algum tempo que só é possível estabelecer análises das relações internacionais, da geopolítica, da política, dos regimes e modos de acumulação, bem como das formações socioespaciais e suas respectivas segmentações de classe e intersecções, dentro de períodos de tempo que chamei em outros trabalhos de períodos geopolíticos (ANDRÉ, 2015; 2019)[9]. Isso obviamente muito influenciado pelo conceito de hegemonias do capitalismo presentes em *o Longo Século XX* de Giovanni Arrighi (1996), a longa duração de Fernand Braudel (1992), as ondas longas de Nikolai kondratieff (SOLOMOU, 1990) e o esforço de periodização de Milton Santos (1985). A desestabilização política desde as jornadas de 2013 também se insere.

Os períodos geopolíticos marcam a interação de escalas geográficas desde as relações internacionais e o sistema interestatal até a vida cotidiana, permeando os Estados Nacionais, as regiões, o campo e a cidade, até condicionar o corpo e a psique das pessoas em seu entorno mais imediato. Tais lapsos de tempo marcam regimes e modos de acumulação, hierarquias sociais e espaciais, formas de exploração e despossessão, classificações sociais e estigmas, domesticação de violências, violências do poder e ultraviolências em nome de uma ordem econômica e política. Cada período foi liderado por aquilo que Arrighi chamou de hegemonia do capitalismo histórico.

Assim, na formação do sistema internacional e progressiva hegemonia holandesa entre os séculos XV e XVII, nos formamos como territórios coloniais dos países ibéricos - Espanha e Portugal. Na transição da hegemonia holandesa para a hegemonia britânica já no século XIX nos tornamos um Estado Nacional-Agroexportador. Na transição desta para a

---

[9] ANDRÉ, André Luís. Por uma geografia ontológica! reflexões sobre os territórios urbanos transfronteiriços na América do Sul. **Caribeña de Ciencias Sociales**, n. mayo, 2019.

ANDRÉ, André Luís. **Ensaios**: Geopolítica, Cidade e Violência. Brasil, AGBOOK, 2016.

hegemonia estadunidense nos tornamos um país urbano-industrial dependente na primeira metade do século XX.

Assim, não é possível compreender a desestabilização política brasileira desde a pequena conjuntura das jornadas de ruas de 2013 apenas como um processo interno à política brasileira. As manifestações daqueles dias se conectaram com a conjuntura internacional em transição hegemônica do Atlântico Norte à Eurásia - Dos Estados Unidos e Europa Ocidental para China e Rússia.

Porém, antes de entrar nesta questão propriamente, é importante apontar qual é a principal expressão de uma hegemonia internacional. Os países hegemônicos têm uma capacidade de controlar fluxos e rotas comerciais de capitais, mercadorias, cargas e informações. A hegemonia e seus concorrentes diretos têm o potencial de difundir seus produtos por toda rede de fluxos e rotas comerciais do planeta. Definem e redefinem a economia política dos países dependentes, constroem instituições internacionais para fazer valer sua liderança, arregimentando as elites nacionais dos países mais estratégicos aos seus interesses.

Nos anos de 1980 quase todo produto sofisticado disponível no mercado brasileiro vinha com a inscrição *made in USA*. Quatro décadas depois, não somente no Brasil, mas em boa parte do mundo, mercadorias de diferentes incorporações técnicas tem origem na enorme planta industrial que se tornou o território da China. De tecidos africanos à batatas fritas em pote, o cotidiano em vários lugares do mundo vai sendo inundado de mercadorias *made in China*.

Agora, quais os sinais de declínio de uma hegemonia internacional?

Desde Portugal, Espanha, Holanda e Inglaterra, quando uma liderança hegemônica deixa de manter uma forte organização produtiva para fomentar a produção de mercadorias em outros territórios nacionais, buscando geralmente maiores margens de lucro, ela perde a natureza de seu poder econômico que é produzir em seu próprio território.

Aqui temos uma questão fundamental. A experiência histórica demonstra que não é possível comandar relações capitalistas de produção sem um respectivo Estado Nacional (GULLO, 2012). Quando o próprio Estado ou as empresas com sede em seu território passam a produzir em outros territórios nacionais elas deixam o Estado de origem relativamente com menos recursos fiscais, retira parte da riqueza que circula em seu mercado interno, inclusive a fatia que se direciona aos segmentos que vivem do trabalho e que serve ao Estado para prestar serviços. O acúmulo de capital nacional passa a se realizar sem gerar distribuição de renda nacional, empobrecendo segmentos da sociedade e fragilizando o Estado na regulação do território porque retira dele relativamente os recursos tributários que o mantém em pé.

Ao produzir em outro território nacional o capital produtivo do país hegemônico vai se transformando em capital financeiro que é a forma mais estéril de capital como demonstrou Marx já na metade do século XIX. Por outro lado, o Estado Nacional de destino pode aí organizar sua base produtiva, gerar riqueza, renda para os segmentos do trabalho, para o mercado interno e recursos fiscais para o Estado. Foi assim que o ouro e prata das Américas ao invés de fortalecer a potência de Portugal e Espanha acabou fomentando a ascensão de França e Inglaterra, uma vez que as elites ibéricas compravam destes países produtos manufaturados e produtos de luxo. Foi assim que os ingleses fomentaram a ascensão industrial dos Estados Unidos e é assim que desde os anos de 1970 as empresas estadunidenses e europeias ajudaram a fomentar a ascensão industrial dos países asiáticos, sobretudo a

China. Ao buscar uma racionalidade apenas nos lucros, as hegemonias do capitalismo foram uma a uma fomentando seu próprio declínio.

O melhor exemplo disso na atual transição é o que ocorreu com Detroit, cidade no antigo cinturão industrial do nordeste dos Estados Unidos. Detroit foi sem sombra de dúvidas uma das cidades que melhor expressou a hegemonia estadunidense. Um dos berços da Segunda Revolução Industrial e lugar de origem da produção e pacto fordista[10], Detroit concentrou as principais indústrias de automóveis daquele país, teve um forte operariado industrial ligado à Ford e a General Motors, uma importante classe média e de certo foi um dos melhores exemplos do *american way of life*. A partir dos anos de 1970 parte da indústria automobilística com sede na cidade migrou suas operações para Ásia - Japão, Tigres Asiáticos (Cingapura, Coréia do Sul, Taiwan, Hong Kong) e China. Com os capitais, foram embora os tributos, os empregos, as fontes de renda e as classes médias brancas. Em 2013 a prefeitura da cidade declarou falência. Por outro lado, cidades como Pequim, Xangai, Shenzhen, Catão e Wuhan, com capitais, rendas e tributos, foram transformadas em importantes centros produtores de mercadorias e tecnologias.

---

[10] A produção denominada de fordista se refere a introdução da linha de montagem automatizada nas fábricas da empresa de automóveis Ford, em que cada um dos trabalhadores ao longo da linha exerce uma tarefa. A linha de montagem fordista está na base do fatiamento da produção das mercadorias por etapa e na divisão técnica do trabalho - fazer de um lado e pensar de outro - da Segunda Revolução Industrial. Henry Ford introduziu essa prática em suas fábricas em 1914. O aumento da produtividade, mediante a alienação do trabalho, espalhou a linha fordista por todo mundo. O Pacto Fordista se refere, por sua vez, ao tipo de regime de produção, exploração do trabalho, acumulação de riqueza e contratos sociais de proteção tanto dos trabalhadores quanto das empresas, regulando não apenas as esferas econômicas mas a esfera estatal e a vida cotidiana.

Wuhan, por exemplo, um dos epicentros da Pandemia de COVID-19, é um importante cluster financeiro-comercial-produtivo-tecnológico na China, com cerca de 10 milhões de habitantes. Em 2018, segundo dados do governo Chinês, metade das 500 maiores corporações do mundo atuavam na cidade, havia mais de 1.600 empresas de alta tecnologia, 350 institutos de pesquisa e sozinha Wuhan produziu quase 230 bilhões de dólares em riquezas[11].

De certa maneira, a ascensão e queda das hegemonias do capitalismo se materializam na urbanização e na involução de suas cidades. O declínio de Detroit é expressão das ruínas deixadas pelo declínio hegemônico.

Ao contrário das narrativas de fim da história (FUKUYAMA, 1992) e de motor único do capitalismo (SANTOS, 2009), talvez dopadas pelo reordenamento do mundo e da vida provocado pelo fim dos territórios soviéticos, estamos todos no meio histórico de uma transição hegemônica na qual ocorre o declínio da liderança dos EUA, o que pode não necessariamente implicar no declínio do poder daquele país, e o avanço de países com capacidades regionais ou mundiais de gerar o que Marcelo Gullo (2012) chamou de umbral de resistência e poder, com potência de fazer frente à liderança em declínio. Isso nos obriga a apontar que estamos numa transição de período geopolítico caracterizado pelo caos sistêmico e a incerteza, seja na escala das relações internacionais, seja na escala da vida cotidiana, mediada pela organização dos Estados Nacionais e sua capacidade de regulação dos recursos dos territórios dos quais são constituídos.

Na transição hegemônica a disputa corporativa e estatal reflete o regime de acumulação que irá prevalecer, o que significa que nesse ínterim a vida cotidiana das pessoas entra num estado de imprevisibilidade e mal-estar

---

[11] A agência de notícias chinesa *Xinhua* (Nova China) é um importante porta-voz de informações oficiais do país. A *Xinhua* divulga suas notícias em diferentes idiomas, inclusive em português. <http://portuguese.xinhuanet.com/>.

permanente, sobretudo das classes e grupos subordinados, o que pode durar duas ou três gerações. A experiência de ascensão dos Estados Unidos à hegemonia internacional e a inauguração do período geopolítico agora em declínio se estenderam do último quarto do século XIX até o fim da Segunda Guerra Mundial em 1945.

Essa passagem foi marcada pelo fim da escravidão africana, por duas guerras mundiais, um número variado de guerras regionais - dentre as quais a Guerra da Tríplice Aliança entre Brasil, Uruguai e Argentina contra o Paraguai (1864-1870), crises econômicas internacionais - a crise de superprodução agrícola de 1890, a crise de superprodução industrial de 1929 - e um tanto de revoluções das mais variadas matizes, em especial a Revolução Mexicana e a Revolução Russa, sem contar o surgimento do nazifascismo e a longevidade do salazarismo/franquismo. No plano técnico tal passagem foi ainda marcada pela Segunda Revolução Industrial e motorização da produção e da circulação, pelo surgimento das famílias técnicas da energia elétrica e do petróleo, do telefone, do rádio e posteriormente da televisão, além do surgimento da indústria cultural em grande medida estendida pelo cinema, numa versão estadunidense de cultura e imperialismo (SAID, 2012).

A atual transição ainda está aberta, se processando, mas alguns de seus eventos já estão claros: a dissolução da União Soviética, o unilateralismo estadunidense entre 1991 e 2011, os atentados de 11 de setembro de 2001, a guerra ao terror, a expansão da guerra às drogas e a guerra pela democracia liberal na política externa de Washington, o surgimento do BRICS e a consequente reorganização da Rússia, o fortalecimento do projeto nacional chinês, as guerras de barbárie nos balcãs, a invasão do afeganistão e do Iraque, as revoluções coloridas na Ucrânia, na Síria e a primavera árabe, a capilaridade da internet, da telefonia celular, das redes digitais de interação social e dos aplicativos de interação econômica e interpessoal. No plano econômico, as sucessivas crises decorrentes da persistência do neoliberalismo na América Latina, a crise dos tigres asiáticos nos anos de 1990, a estagnação econômica na zona do euro há quase duas décadas, a crise do pacto fordista, o *crash* imobiliária de 2008 e a implosão das lutas identitárias para além das "amarras" das classes sociais, às vezes se deslocando completamente delas (CASTELLS, 2018).

No auge das hegemonias e dos períodos geopolíticos organizados por elas, o regime e o modo de acumulação, isto é, as relações econômicas e suas respectivas formas de legitimação, ganham estabilidade, produzem um certo grau de cristalização das relações internacionais até as identidades das pessoas na vida cotidiana, geram certa impressão de previsibilidade e certeza. Na transição, tudo se abala e a incerteza se generaliza. Nesse sentido, as transições hegemônicas se transformam num verdadeiro período de crises, expressas neste momento na guerra comercial chino-estadunidense no plano internacional, na desestabilização de projetos nacionais com umbral de poder subcontinental e na imprevisibilidade das relações econômicas e sociais no entorno da vida cotidiana. Um relativo mal-estar permeia todas as escalas e sufoca o cotidiano.

As transições hegemônicas e seus respectivos períodos geopolíticos provocam alterações territoriais em larga medida. Na transição anterior o Brasil deixou de ser um Estado agroexportador para ser também um país industrial, deixou de ser um país de matriz essencialmente agrícola para se tornar um país urbano, abandonou a escravidão sem abandonar a radical exploração do trabalho e as características de divisão racial. Formou um proletariado urbano, vivenciou os processos de metropolização e favelização. Da mecanização do território, conheceu a implementação das técnicas de motorização. Abandonou um liberalismo de vantagens comparativas e adotou um nacional desenvolvimentismo militarista e limitado aos interesses da potência em ascensão. Sobrepôs sua profunda e secular divisão racial do trabalho a uma divisão técnica, sem necessariamente fazer coincidir identidades raciais com identidades econômicas entre aqueles que tiveram que viver da exploração de seu trabalho. Mobilizou fluxos migratórios do campo para cidade em caráter regional e estendeu a fronteira agrícola brasileira mobilizando fluxos migratórios campo-campo vindos do sul do país, permitiu a parte das mulheres a fuga da esfera doméstica sem liquidar sua opressão doméstica, produziu pactos sociais que se iniciaram na consolidação das leis trabalhistas, passaram pelo estatuto da terra e culminam na constituição de 1988.

Nessa transição corrente ainda está em disputa qual será a natureza da organização dos Estados, das suas respectivas sociedades, suas condições e contradições, e quais as perspectivas de território vão prevalecer. O Brasil tem experimentado isso recentemente como desestabilização da política e simultaneamente com políticas de desestabilização econômica e social.

Inicialmente saímos de um nacional desenvolvimentismo militarista e autocrático para um Estado com uma nova roupagem liberal submetida ao consenso de Washington e a sua agenda de desregulamentação das leis trabalhistas e precarização das formas de trabalho, emprego e renda, venda das empresas estatais, abertura intensiva para o capital financeiro e as corporações transnacionais, desindustrialização e formação de novos complexos agrícolas altamente tecnificados com uma intensificação agroexportadora - o que nos meios de comunicação brasileiro ganhou o *slogan "o agro é pop"*[12]. Experimentamos o crescimento da importância das cidades médias para dar infraestrutura e fluidez a essa agricultura capitalista internacionalizada e a dispersão industrial para além do eixo Rio-São Paulo-Belo Horizonte, o que não ocorreu sem promover um certo grau de involução metropolitana e incorporação das cidades em áreas de fronteira aos fluxos internacionais. Sem resolver suas contradições no que se refere aos grupos e segmentos de classe que historicamente foram submetidos a déficits de poder e desvantagens sociais, o país foi esboçando um Estado Penal[13], criminalizando as lutas sociais ao modo brasileiro e criando as condições para a expansão de fascismos sociais.

A medida em que foi se alterando o cenário unipolar nas relações internacionais e se arquitetando inicialmente um sistema interestatal multipolar como os BRICS - Brasil, Rússia, Índia, China e África do Sul - especialmente, abriu-se uma brecha na geopolítica internacional que permitiu ao Brasil e outros países da América do Sul esboçar um umbral de resistência e projeção continental expresso na política Sul-Sul.[14] Entre 2003 e 2011, do segundo ano

---

[12] A Rede Globo de televisão, uma das maiores corporações midiáticas do mundo, criou a campanha publicitária "O Agro é tech, o agro é pop" em 2016. Seu principal objetivo tem sido desde então atender a demanda dos setores da agricultura internacionalizada em gerar confiança e empatia em diferentes segmentos da sociedade brasileira. Não coincidentemente, estes mesmo setores foram fundamentais para a convergência de forças e grupos de interesses que derrubaram a Presidenta Dilma Rousseff no mesmo ano.

[13] A população carcerária do país em 1990, segundo dados do Ministério da Justiça, era de 90 mil presos; até julho de 2019, segundo o Conselho Nacional de Justiça, esse número já passava de 812 mil presos. Entre 2000 e 2019 a taxa de encarceramento triplicou, passando de 137 para 368 por 100 mil habitantes, colocando o Brasil entre os países que mais aprisionam no mundo. O país fica, apenas atrás dos Estados Unidos, da Rússia e da China.

[14] A política Sul-Sul se refere à prioridade de relações e cooperações entre os chamados países do sul global, com ênfase na articulação política nos organismos

do primeiro governo Lula ao segundo ano do primeiro governo Dilma Rousseff, o Brasil experimentou pactos na esfera da economia política que permitiram alguma alívio para os grupos sociais e segmentos de classe subalternos no regime e no modo de acumulação que vinham se consolidando desde os primeiros anos da década de 1990.

As empresas estatais ganharam força no fomento do financiamento, da produção, da implementação de infraestrutura e do consumo. Num típico pacto nacional de contramercado no sentido braudeliano, algumas empresas passaram a projetar sua atuação na América do Sul e em outros continentes, sobretudo as megas construtoras, a companhia Petróleo Brasileiro S.A. - Petrobras - e o próprio Banco Nacional de Desenvolvimento Econômico e Social - BNDES[15]. Obviamente isso não se realiza sem uma dose intencional de fraude e corrupção entre grupos políticos e econômicos, que seria uma das rachaduras desse processo.

No nível das relações socioeconômicas, a elevação dos níveis de emprego e renda produziu um mercado interno que foi capaz inclusive de incorporar parte da população rural e da população habitante de áreas de periferias urbanas e favelas, daí a reflexão sobre refavelização feita no livro *Brasil: um país chamado favela*. Os autores Celso Athayde e Renato Meirelles (2014) revelam que, se a população favelada brasileira em 2014 - algo próximo de 11 milhões de pessoas - fosse um estado da federação, seria o quinto mais

---

internacionais e a cooperação econômica. A partir dos anos 2000 a política Sul-Sul passou a criar condições para que países com liderança regional pudessem diminuir relativamente sua dependência dos Estados Unidos.

[15] A Petrobras é uma companhia de capital misto cujo principal acionista é o Governo Federal Brasileiro. O BNDES por sua vez é uma empresa estatal, um dos maiores bancos de fomento do mundo.

populoso, com um PIB naquele momento de 63 bilhões de reais, o equivalente ao PIB de países como Paraguai e Bolívia daquele ano.

Nesse curto período de tempo, o Brasil passou a liderar com intensidade uma integração sul-americana próxima de estabelecer uma influência hegemônica no Atlântico Sul, em consonância com o restabelecimento da Rússia na Ásia Central e Eurásia, e com a ascensão galopante da China, o que fez este último se tornar o maior parceiro comercial do Brasil, superando os Estados Unidos e os países da América do Sul, considerando ainda que a Argentina se tornou o principal comprador de produtos industriais brasileiros. No plano interno este projeto político-econômico teve um tremendo paradoxo: buscar compatibilizar aumento do capital direcionado ao trabalho em forma de aumento salarial, renda e transferência de renda com transferência de tributos-renda para setores rentistas nacionais e internacionais.

Como demonstraram os eventos, não é possível compatibilizar por muito tempo aumento de renda do trabalho e dividendos para os segmentos rentistas ou operadores do mercado financeiro. A política de aumento do emprego e da renda significou contraditoriamente uma política de endividamento que começou a dar sinais de esgotamento em 2013 e se intensificou nos anos seguintes.

Não obstante, no plano externo enfrentou outro paradoxo: com o crescimento acelerado da China nossa política Sul-Sul foi se transformando numa nova política de vantagens comparativas[16], em que vendemos *commodities*

---

[16] A teoria das vantagens comparativas foi formulada dentro da economia política britânica por David Ricardo (RUFFIN, 2002), numa espécie de reelaboração crítica das vantagens absolutas de Adam Smith. Em 1817, apenas 9 anos depois do pacto de Viena que coloca os ingleses na liderança do comércio internacional, o conceito de vantagens comparativas tenta justificar o comércio entre países com níveis de desenvolvimento extremamente desiguais. O conceito é simples, se um países tem

para sustentar a estratégia industrial-tecnológica chinesa, o que, por sua vez, deu novos contornos para as elites agrárias do país, reforçando a dependência do dólar e diminuindo a capacidade industrial instalada em território nacional.

Entramos num beco de poucas saídas, crescimento econômico com diminuição da capacidade de incorporar valor as mercadorias, ao trabalho e aos rendimentos. As condições materiais para trincar este projeto de contramercado, isto é, de regulação do Estado, da sociedade e do mercado, estavam dadas.

No entanto, um potencial ponto de aumento do umbral de resistência e poder do país no âmbito internacional e simultaneamente um potencial de rearranjo da estrutura social interna ocorreu com o desenvolvimento da tecnologia de exploração do petróleo do pré-sal anunciado pelo governo brasileiro em 2006[17]. A exploração do pré-sal tornaria mais barato a produção e a circulação de mercadorias no mercado interno e o colocaria o Brasil como mais um país a influenciar a política internacional de forma decisiva como exportador de petróleo. Em 2012 o governo Dilma Rousseff conseguiu aprovar a lei que destinava 75% dos recursos do fundo do pré-sal para o

---

uma vantagem produtiva na produção de soja por exemplo, ele deve se concentrar em vender soja e deixar para comprar produtos com tecnologia agregada pela indústrias de países produtivos em mercadorias industriais, sem estabelecer qualquer programa para fazer avançar sua indústria. Isso justificou simultaneamente a opção industrial da hegemonia britânica e a dependência e exportação de produtos agrícolas por países na periferia do sistema internacional.

[17] A camada de pré-sal se refere a um vasto estrato rochoso com acúmulo de matéria orgânica no Atlântico Sul entre a costa brasileira e a costa do continente africano. Podendo chegar a 8 mil metros de profundidade em relação a superfície do mar, essa camada de rochas calcárias, ricas em carbono, da família das rochas sedimentares, fica logo abaixo a um estrato de sal, daí a denominação de pré-sal. A estimativa de uma extensão de no mínimo 800 km de petróleo no pré-sal e um potencial de exploração de 80 bilhões de barris de petróleo e gás, segundo a própria Petrobras, colocaria o Brasil entre os seis maiores produtores de petróleo do mundo.

sistema público de educação e 25% para o sistema de saúde. Em tese isso criaria as condições de avanço da consolidação do Brasil no Atlântico Sul e no cenário internacional, bem como a injeção de recursos na educação e na saúde possibilitaria dilapidar a superfície da hierarquia social brasileira.

Esse duplo potencial arrastou o país para a *Guerra Híbrida*, a *política da desestabilização* e a consequente política de desestabilização a partir da oportunidade criada pela conjuntura das jornadas de rua de junho de 2013, uma vez que o duplo potencial descrito acima, esbarrou nos interesses da hegemonia em declínio, os Estados Unidos, e nos interesses das elites políticas e econômicas nacionais acostumadas à privilégios seculares, dentre os quais a possibilidade de contar com trabalho barato e um extenso exército de reserva de milhões de pessoas.

Aqui é importante abrir um parênteses, um investimento maciço no sistema educacional teria o potencial de oferecer ao país uma ferramente indispensável para saída de crises econômicas recorrentes, a elaboração de um ambiente de inovação científica e tecnológica. A experiência histórica demonstra que há quatro ferramentas básicas para saída de crises dentro da perspectiva capitalista: a guerra - que só pode ser usado por grandes potências; o investimento em infraestrutura e sistemas de engenharia capazes de dar materialidade ao capital especulativo e assim criar oferta e demanda; o aumento da exploração do trabalho - que foi exatamente a opção brasileira -, a retirada de renda de frações importantes da sociedade, sobretudo os mais pobres e os segmentos que vivem do trabalho, produziu forte retração da demanda; e, por fim, a inovação tecnológica dos meios, dos sistemas de engenharia e das mercadorias. Ao escolher fechar a fonte de recursos do sistema educacional, as elites econômicas do país perderam a oportunidade de fomentar a inovação tecnológica como ferramenta para tratar crises econômicas. Fecha-se parênteses!

A partir de então começou a se construir com intensidade enredo que estabelecia uma bricolagem entre a ideia de crise fiscal do Estado, necessidade de desregulamentar direitos trabalhistas e sociais, corrupção sistêmica nas empresas estatais ou com participação do Estado - principalmente BNDES e Petrobras -, revisão da política sul-sul, desestatização dos ativos do Estado, criminalização da política e dos políticos, e a crucial necessidade de dar *"reboot"* na economia política do país, de modo a restringir a democracia de baixa intensidade que historicamente o país construiu e, simultaneamente, retornar a área de influência dos Estados Unidos.

Neste projeto convergiram parte dos partidos políticos, setores do judiciário, setores militaristas da segurança pública e paramilitares, empresários ligados aos setores de exportação de commodities, empresários da indústria, setores da classe média e da imprensa, e sobretudo setores populares embriagados pela ascensão pelo consumo e medo do endividamento, com especial recrutamento dos segmentos ligados às religiões pentecostais e neopentecostais já acostumados ao ultraliberalismo da chamada teologia da prosperidade, bem como os rentistas de olho nos rendimentos do pré-sal. O cimento dessa bricolagem foi o que chamei de ideologia verde-amarela que vou tratar no próximo capítulo, mas seu conteúdo tem com fator a generalização de que estávamos num ambiente multidimensional de corrupção - corrupção geopolítica, política, pública, civil e moral, alicerçado no lulismo, no governo do PT e na sua política neodesenvolvimentista liberal.

Essa composição extremamente antinômica, contraditória entre segmentos nacionais, internacionais e segmentos de classe, tinha como tarefa alterar o governo para depois alterar a economia e então a cultura. Empreitada em ainda em andamento, mas cujos pontos altos até aqui são a derrubada do governo Dilma Rousseff em 2016 e na eleição de Jair Bolsonaro em 2018.

Sua segunda tarefa foi e tem sido até aqui conquistar o governo e acirrar o expurgo político dos setores progressistas, mediante a aplicação da doutrina do choque econômico a la Milton Friedman e escola de Chicago, conjugado com o controle social da identidade e dos corpos promovido pelos setores religiosos, militares e paramilitares, projeto que denominei de *facholiberal* dos grupos e movimentos que chamarei aqui de *desestabilização verde-amarela*[18].

O importante nesta altura é expor que efetivamente este movimento chegou ao poder nas eleições nacionais de 2018 com a eleição do ex-capitão do exército Jair Messias Bolsonaro, levado ao cargo pelas técnicas de desinformação como informação - *firehosing* - e pela guerra jurídica - *Lawfare* - que trataremos à diante, personificadas respectivamente em Bolsonaro e o ex-juiz da Operação Lava Jato e a essa altura ex-Ministro da Justiça e Segurança Pública, Sérgio Moro.

Essa combinação explosiva vem dando o tom da nossa Guerra Híbrida e marca o ponto em que a desestabilização política se torna política de desestabilização da sociedade e de suas instâncias uma vez que é levada para dentro do Estado, transmutando o caos na política em política de promoção do caos!

---

[18] Verde e amarela em decorrência da reivindicação de um tipo de nacionalismo que passa ao largo de qualquer conotação de classe ou de qualquer conteúdo de políticas e programas de prioridades nacionais. A escolha por cores é um padrão deste tipo de desestabilização política. Na Ucrânia, por exemplo, os movimentos de desestabilização adotaram a cor laranja. No contexto latino-americano esses movimentos de desestabilização buscaram reivindicar as cores da bandeiras nacional.

3. TEORIA DA GUERRA HÍBRIDA
BIOPOLÍTICA, NECROPOLÍTICA E BARBÁRIE

A desestabilização política como Guerra Híbrida no Brasil conseguiu reunir as táticas de *Lawfare* - guerra jurídica - e as técnicas de *firehosing* - difusão constante e repetitiva de mentiras e desinformações como notícias em múltiplas plataformas digitais - *Facebook, Youtube, Instagram, Whatsapp.* Curiosamente, a *Lawfare* desde os anos de 1970 são utilizadas na política externa dos Estados Unidos como forma não convencional de guerra (DUNLAP JR, 2008), mas a difusão constante, multiplataforma, de mentiras como notícia foi introduzida recententemente pela Rússia em suas táticas de guerra não convencional (PAUL e; MATTHEWS, 2016). Ou seja, a desestabilização política brasileira, no atual ambiente de transição hegemônica, foi submetida as táticas e estratégias mais bem sucedidas de guerra não convencional, isto é, sem o uso das forças armadas regulares, inventadas e utilizadas por duas das maiores potências militares dos últimas cem anos.

O *Lawfare* vem sendo uma estratégia do *establishment* da política externa estadunidense e da segurança nacional daquele país como forma de evitar a ação militar e assim diminuir os custos, responsabilizações e o desgaste político. Seu objetivo é a manipulação do arcabouço e sistema jurídico de uma determinada sociedade contra grupos políticos e econômicos inconvenientes, concorrentes ou mesmo contrários aos interesses do consórcio de empresas e da política externa/geopolítica dos Estados Unidos (KITTIE, 2016). A *firehosing* ou *firehose of falsehood* (mangueira incendiária de mentiras) é uma das mais recentes técnicas de propaganda política utilizada na anexação da Crimeia pelo governo de Vladimir Putin em 2014. As principais características da *firehosing* são evidentemente a inconsistência discursiva, o descolamento dos fatos e da realidade, a produção e difusão acelerada, permanente e repetitiva de desinformação, notícias falsas e mentiras, a abundância de conteúdo nas plataformas digitais, a linguagem acessivelmente rasa, rude, grosseira e bruta, e, dentre outras coisas, seu potencial de evocar medo, ódio e violência. As características de transbordamento em múltiplas plataformas e canais de comunicação produzem a sensação de familiaridade, verdade e legitimidade (PAUL e; MATTHEWS, 2016).

As técnicas de *Lawfare* e *firehosing* são hoje as principais expressões de todos os eventos de Guerra Híbrida, que deve ser entendida aqui primeiramente como uma experiência de condicionamento paroxístico da política internacional de quarta geração. Considerando a primeira geração como aquela em que se institui os Estados Nacionais Absolutistas; a segunda como a geração de conflitos em que são introduzidas aos conflitos as técnicas da Primeira Revolução Industrial, coincidindo com as revoluções burguesas, a consolidação do Estado liberal e a hegemonia britânica, num processo de industrialização da guerra; a terceira geração já com a introdução da família de técnicas da Segunda Revolução Industrial e a emergência dos Estados Unidos e da União Soviética como hegemonias em suas respectivas áreas de influência, num processo de motorização da guerra.

A guerra de quarta geração coincide com o advento daquilo que Milton Santos chamou de período técnico-científico-informacional, no qual o uso da informação, sua produção e difusão, é adicionada aos conflitos. Não necessariamente conflitos entre forças armadas regulares, mas entre combatentes difusos - guerrilhas, milícias, paramilitares, mercenários e, dentro outros, manifestantes civis entre si e/ou contra um determinado Estado. O uso das tecnologias de informação, das técnicas informatização, das redes de informática, das plataformas digitais, dos computadores e das técnicas de telefonia passam a compor estratégias não convencionais e indiretas de conflitos.

Uma característica fundamental do que recentemente os russos nomearam de Guerra Híbrida é a política de desestabilização dos contratos sociais, da institucionalidade, da esfera política, da esfera econômica e dos valores do Estado alvo. Seu objetivo é controlar recursos, a tomada de decisão na alta política, corroer a confiança civil e fraturar o tecido social, de tal forma a neutralizar, alterar ou no limite desmantelar um Estado-Sociedade inconveniente aos interesses do consórcio Estados-Corporações-Grupos de interesses que lançam o ataque.

Se podemos recorrer às análises feitas por Michel Foucault neste ponto, podemos afirmar que os limites dos contratos sociais, da institucionalidade e da intimidade que tanto interessou Foucault em seus estudos sobre a loucura, sobre as punições criminais e a sexualidade na constituição das sociedades desde a instituição simultânea de Estado Nacional, Capitalismo, Território Nacional e Identidade Nacional - grosso modo aquilo que chamamos de Modernidade - não somente são alargados, mas são tensionados e levados à centralidade dos contratos sociais das sociedades em desestabilização. A loucura, os conflitos de sexualidade e a punitividade seletiva (dos adversários e inimigos, bem como daqueles em processo de marginalização social) deixam de representar situações extraordinárias e passam a representar situações ordinárias e cotidianas no trato da sociabilidade, da institucionalidade, governabilidade e das próprias relações econômicas (FOUCAULT, 2019).

As carreatas pelo país contra o isolamento social sugerido pela Organização Mundial da Saúde, vídeos compartilhados nas redes sociais trazendo notícias falsas de caixões enterrados vazios durante a pandemia de

COVID-19 no Ceará, Minas Gerais e Amazonas, ataques aos profissionais da saúde nas principais cidades, incluindo Brasília, agressões aos jornalistas que cobriam os impactos da pandemia, agressões a pesquisadores no norte do país que faziam levantamento da taxa de contágio do vírus, a demissão de dois Ministros da Saúde, a aprovação de um protocolo do Ministério da Saúde para uso de um remédio sem comprovação científica de eficácia e sem a assinatura de qualquer médico - Cloroquina -, e o emblemático *show* de horrores da reunião ministerial[19] da presidência da república que veio a público por fazer parte da investigação que envolvem as figuras mais emblemática da desestabilização brasileira, o ex-juiz e ex-Ministro da Justiça e Segurança Pública, Sérgio Moro e o Presidente Jair Bolsonaro, colocam de cabeça para baixo o conceito de Biopoder de Foucault e de Necropolítica de Achille Mbembe (2018).

Na referida reunião o Ministro da Economia (Paulo Guedes) fala aos palavrões para que se venda o Banco do Brasil - principal banco estatal do país - e que o governo socorra as grandes empresas e abandone as pequenas, o Ministro da Educação (Abraham Weintraub) chama os juízes do Supremo Tribunal Federal de vagabundos, sugerindo prisão a eles, o Ministro do Turismo (Marcelo Álvaro) propõe a regulamentação dos cassinos no país, a Ministra dos Direitos Humanos (Damares Alves) discursa pela prisão prefeitos e governadores que decretaram isolamento social, o Ministro do

---

[19] A reunião ministerial em questão foi realizada em 22 de abril de 2020, curiosamente a pandemia não foi tratada, embora àquela altura havia mais de 45 mil casos de infectados oficialmente notificados ao Ministério da Saúde e quase 3 mil mortos. A reunião veio à público depois que o ex-juiz e ex-Ministro Sérgio Moro acusou o Presidente Bolsonaro de tentar interferir na Polícia Federal para blindar seus filhos e a ele mesmo de eventuais crimes ligados à disseminação de Fake News e o financiamento das milícias no Rio de Janeiro mediante a apropriação de parte do salários de assessores parlamentares no gabinete de um de seus filhos, Flávio Bolsonaro, quando esteve ocupando o cargo de Deputado Estadual.

Meio Ambiente (Ricardo Salles) enfatiza a necessidade do governo aproveitar o momento de distração da imprensa para aprovar uma "boiada" de legislação que fragilize as normas ambientais, e o presidente entre uma coisa e outra, entre um impropério e outro, nos deixa claro que a desestabilização está agora no coração do Estado. Biopoder e Necropolítica precisam ser retratados para entendermos o nosso estado de desestabilização e Guerra Híbrida.

Para Foucault o Biopoder implica num conjunto de práticas disciplinares promovida pelas instituições cujo objetivo é a domesticação da psique e do corpo das pessoas. Não obstante, as instituições promovem a regulação das populações, sua saúde, sua educação, seu trabalho, sua mobilidade, sua circulação e, dentre outras coisas, sua longevidade, Foucault nomeou isso de Biopolítica. Assim, os Estados Nacionais, por meio de suas instituições, se instituíram também por meio da domesticação individual e coletiva, regulando que sujeitos e que grupos populacionais estão integrados e quais estão excluídos, quem e quais grupos demográficos são privilegiados e desprivilegiados, decidindo assim quem e quais grupos têm as melhores e as piores condições de vida.

O filósofo camaronês Achille Mbembe, submeteu os conceitos de Biopoder e Biopolítica ao contexto de sociedades pós-coloniais e, ao submeter os conceitos de Foucault a uma espécie de crivo ontológico, chegou à concepção de Necropolítica. Para Mbembe a Necropolítica é, em resumo, o direito que o Estado, mediante pactos políticos, se outorga de matar, num momento de violência paroxística real ou imaginária típica das guerras.

A questão é que tanto o controle da psique e dos corpos, quanto o controle e gestão demográfico, como o direito que um determinado Estado se outorga de matar são fundados na racionalidade das sociedades modernas/coloniais, o que impõem um conjunto de saberes e técnicas que tragicamente perpassam o Estado de Direito, os metabolismos do capitalismo e a própria Ciência como saber altamente sistematizado.

A junção da *Lawfare* com a *firehosing*, da guerra jurídica como espetáculo e manipulação, e da difusão de mentiras e desinformações de forma sistemática, repetitiva, por múltiplos canais, de forma a saturar as pessoas de dados impossíveis de ser codificados e refutados, dispensam a necessidade da racionalidade política, econômica e científica que fundou os Estados-Sociedades centrais e os Estados-Sociedades coloniais, bem como dispensa a racionalidade da guerra convencional e seus códigos.

A disciplina da psique e dos corpos, a regulação das vantagens e desvantagens sociais e o direitos legal de matar, na desestabilização política e na política de desestabilização como Guerra Híbrida tem sua racionalidade prática suspensa, a medida que isso acontece, o Estado-Sociedade em desestabilização passa a ser pilhado num nível de dar inveja aos colonizadores da época da conquista, enquanto começa a experimentar a iminência da morte - violenta ou não -, da insegurança biológica, psicológica e material, não apenas nos extremos marginalizados ou como uma situação limite, é uma nova sociabilidade insociável. Não é biopolítica ou necropolítica, é o Estado de barbárie!

Feita essa digressão, a desestabilização política é um meio de submeter um Estado-Sociedade alvo sem necessariamente lançar mão das forças armadas regulares, sem tantos gastos militares, sem tanto desgaste na opinião pública nacional dos Estados ou Estado envolvido no ataque, ou da opinião pública internacional.

Ao final, o ataque híbrido busca desnacionalizar, desindustrializar, reprimarizar, desracionalizar, fragmentar o Estado, a Sociedade e o território sob ataque, de tal modo que seus recursos naturais, econômicos, técnicos e sociais fiquem vulneráveis e possam ser assim capturados. O interessante da desestabilização como Guerra Híbrida é que o envolvimento do consórcio Estado-Corporação-Grupos de Interesses externos não necessita de um envolvimento profundo, ele só precisa instrumentalizar parte dos grupos de interesses políticos e corporativos internos ao Estado-Sociedade alvo de tal maneira a salvaguardar a si e seus interesses, e assim deixar aos grupos internos a responsabilidade pela desestabilização que talvez saia de qualquer controle.

O *establishment* militar russo vem chamando a desestabilização política provocada, acionada ou instrumentalizada por potências-corporações externas, protagonizada por grupos variados, desde manifestantes de rua, milícias armadas ou milícias digitais, guerrilhas, paramilitares e mercenários, de Guerra Híbrida , desde a Conferência de Moscou Sobre Segurança Internacional de 2014. Sobre isso, Andrew Korybko (2018, p.7 - 8) escreve o seguinte:

> A Conferência de Moscou sobre Segurança Internacional de maio de 2014 focou em peso no papel das Revoluções Coloridas para o avanço dos objetivos de política externa dos EUA no mundo. O Ministro da Defesa Sergei Shoigu declarou que "as Revoluções Coloridas estão assumindo progressivamente a cara de guerra e estão se desenvolvendo de acordo com as regras da guerra". Anthony Cordesman, do Centro para Estudos Estratégicos e Internacionais, assistiu à conferência e publicou fotos dos slides de PowerPoint nela apresentados. Ele também incluiu comentários pertinentes de cada palestrante. Valery Gerasimov, o Chefe do Comando Geral das Forças Armadas da Rússia, teve participação especialmente importante. Ele introduziu o conceito de "abordagem

> adaptativa" para as operações militares. Com isso, ele quer dizer que meios não militares (identificados como Revoluções Coloridas) são reforçados pelo uso de forças encobertas ou de interferência militar aberta (depois que um pretexto é encontrado) contra um Estado opositor.

Aqui, vale notar que o conceito de Revoluções Coloridas se refere à um conjunto de eventos, geralmente marcadas por manifestações políticas - associadas ou não há forças militares, milícias, paramilitares ou guerrilhas - para depor governos considerados inconvenientes na política externa dos Estados ou mesmo anti-estadunidenses e a respectiva substituição por governos pró-Estados Unidos, em nome da democracia liberal, a implantação de políticas neoliberais e do combate à corrupção.

A primeira experiência de Guerra Híbrida considerando essas características ocorreu em 1986 nas Filipinas, mais de três décadas depois cerca de 23 países, em todos os continentes, experimentaram deposições de seus governos em nome da democracia liberal, a implantação da agenda de Washington e a mobilização em torno da anticorrupção do *establishment* político.

Andrew Korybko (2018, p.23-24) continua escrevendo o seguinte:

> Em seu âmago, a Guerra Híbrida é o caos administrado. Ela começa com um vírus que subverte o sistema social do Estado alvo, e, se seus enxames e vanguardas pseudo-Guerra Não Convencional [...] não conseguirem tomar forçadamente o poder ou intimidar o governo a abdicar por contra própria, então uma Guerra Não Convencional de verdade tem início. A etapa final, o início da Guerra Não Convencional, é a nova contribuição complementar às Revoluções Coloridas que compõe a teoria da Guerra Híbrida. Ela foi depreendida das experiências de fracasso

> das Revoluções Coloridas na Bielorrússia, no Uzbequistão e em outros lugares onde essas tentativas de golpe foram iniciadas sem nenhum plano de apoio (Guerra Não Convencional). Unidas em um só pacote (como se viu na Síria e, até certo ponto, na Ucrânia), o objetivo derradeiro da combinação Revolução Colorida mais Guerra Não Convencional (Guerra Híbrida) é o caos sistêmico

A concepção dada pelo autor é controvérsia em três sentidos: (a) primeiro porque trata a desestabilização do Estado Nacional alvo como algo novo. Bom, isso não é novo! Não obstante, (b) trata isso como parte da estratégia somente dos Estados Unidos, o que também nos parece equivocado! Por último, (c) considera a Guerra Híbrida como a junção da desestabilização política com a guerra não convencional entre forças não oficiais e um adversário tradicional, isto é, as forças armadas regulares, no caso brasileiro houve a junção do enredo midiático, da guerra jurídica e da manipulação parlamentar.

Por sua vez, Hugo San Martin (2019), boliviano radicado na Espanha, claramente do outro lado do espectro político, uma vez que Andrew Korybko faz parte da *intelligentsia* geopolítica russa, escreve em seu livro *La Guerra Híbrida Rusa Sobre el Occidente,* publicado em 2019, o seguinte:

> O termo 'Guerra Híbrida' apareceu nos primeiros anos do novo século e foi utilizado posteriormente para descrever a estratégia utilizada pelo Hezbollah na guerra do Líbano em 2006. Desde então o termo Híbrido tem dominado a discussão sobre a guerra moderna e futura a tal ponto que foi adotado por altos líderes militares e promovido como base para estratégias militares modernas. (SAN MARTIN, 2019, p. 13)

Fazendo referência a Frank Hoffmann Hugo San Martin (IBIDEM) continua:

> 'As ameaças híbridas incorporam uma gama completa de diferentes modos de guerra que incluem capacidades convencionais, táticas e formações irregulares, atos terroristas que incluem violência e coação indiscriminada y desordem criminal[...]'.

Voltando à seus próprios termos o autor escreve (IBIDEM, p.16):

> A Guerra Híbrida é uma guerra em tempos de paz, como foi a Guerra Fria, mas, diferentemente dela, as populações ocidentais não são conscientes de sua condição de ameaça existencial. A Guerra Híbrida se associa à política exterior da Rússia da última década. [...] As técnicas russas incluíam paralisar a tomada de decisão do adversário por meio da ambiguidade e do engano deliberado, cultivando a instabilidade em comunidades étnicas russas [...],

Enquanto a perspectiva de Andrew Korybko é de que a Guerra Híbrida se refere às Revoluções Coloridas, ou a desestabilização promovida pelos Estados Unidos mundo afora. Hugo San Martin faz o contrário, aponta que a desestabilização política é uma ferramenta do repertório da política externa russa.

O que fica evidente é que ambas as potências militares, Estados Unidos e Rússia, neste momento de transição de hegemonia, se utilizam de ataques híbridos para atingir os objetivos de suas políticas no âmbito internacional.

Como demonstra Andrew Korybko, a desestabilização política das comunidades étnicas no interior da Rússia ou da sua área de influência imediata, desde os anos de 1930 faz parte das táticas para impedir a estabilidade política no interior do país, àquela época o principal território incorporado à União Soviética extinta em 1991.

A ideia de promover a desestabilização política de comunidades étnicas dentro da ex-União Soviética, um país que congregava múltiplas nacionalidades, compõem o que ficou conhecido como *Prometeísmo Estratégico*, seu formulador foi o militar, nacionalista e chefe de Estado polonês Jozéf Pilsudski que governou a Polônia entre 1926 a 1935, depois de um golpe de Estado. Pilsudski acreditava que desestabilizar nacionalidades não russas dentro da então União Soviética traria benefícios a situação geográfica do Estado Polonês, uma vez que não poderia enfrentar abertamente a União Soviética de Stalin com seu poderio militar muito superior.

Não obstante, como demonstra Hugo San Martin (2019), os objetivos dos ataques híbridos, segundo ele promovidos pela Rússia são os seguintes: solapar a confiança na democracia, fomentar e acirrar as fraturas políticas, erodir a confiança dos cidadãos nos representantes eleitos, criar desconfiança e confusão geral sobre as fontes de informação, diminuir a distância entre a realidade e a ficção, bem como popularizar a agenda russa nas populações estrangeiras.

Quando temos dois intelectuais ligados à *intelligentsia* da geopolítica de países e/ou organizações que estão em lados opostos, temos que submeter seus argumentos e reflexões ao crivo da realidade dos eventos. O fato é que desde as jornadas de rua de junho de 2013 o Brasil enfrenta um processo de desestabilização política deliberada e articulada entre grupos de interesses políticos-corporativos nacionais e segmentos que representam a política externa dos Estados Unidos, uma vez que a derrubada de Dilma Rousseff foi dentre outras coisas pela geopolítica Sul-Sul que aproximou o Brasil de Rússia e China, então promover um realinhamento do Brasil com os Estados Unidos.

Parte do enxame de manifestantes e manifestações, bem como a redefinição da economia política pós-Dilma, buscava colocar o Brasil novamente na área de influência estadunidense numa espécie de nova doutrina Monroe. Basta ver as inúmeras manifestações que traziam também a bandeira dos Estados Unidos. Outro fator são os vínculos entre as *think tanks* estadunidenses e os grupos que organizaram as manifestações pela derrubada do governo Dilma, bem como os vínculos entre a operação Lava Jato e o Departamento de Estado dos Estados Unidos, como demonstraram os vazamentos do Wikileaks e os vazamentos das conversas entre o então Juiz da Lava Jato, Sérgio Moro, e os procuradores do Ministério Público. Bem como a ida de Moro para o governo Jair Bolsonaro após ter sentenciado o principal candidato às eleições de 2018, Lula, à prisão enquanto era juiz.

Todavia, se filtramos as posições geopolíticas de Andrew Korybko e Hugo San Martin, poderemos reconhecer que o Brasil vem num processo de desestabilização como Guerra Híbrida desde as jornadas de junho de 2013 e que suas características são a guerra jurídica em nome do combate à corrupção típica das Revoluções Coloridas que transformaram regimes inconvenientes aos Estados Unidos em regimes amigos, associado às técnicas de políticas de difusão de desinformação, desorientação e engano denominadas de *firehouse of falsehood* ou simplesmente *firehosing* (mangueira incendiária de mentiras) desenvolvidas pelos Russos na anexação da Crimeia.

A pergunta aqui é: em que momento as táticas de *Lawfare* e desestabilização política típicas da política externa dos Estados Unidos encontram as técnicas de difusão de mentiras em múltiplas plataformas digitais se encontram? E como chegam no Brasil?

Essas duas táticas geopolíticas e políticas com origens diferentes se encontraram nas eleições de Donald Trump como presidente dos Estados Unidos em 2016, por meio de seu assessor político Steven Bannon que foi diretor-executivo da campanha que elegeu Trump pelo partido Republicano e depois o levou a ser assessor da presidência até ser demitido em 2017. Bannon levou as técnicas de *firehosing* aplicadas na campanha pela saída do Reino Unido da União Europeia promovida, em parte pela extrema-direita britânica, para as eleições presidenciais nos Estados Unidos.

Em 2018, Bannon iniciou uma organização internacional com sede em Bruxelas intitulada "O Movimento" com o intuito de organizar extremistas de direita, neofascistas e neonazistas num movimento, como próprio nome diz, com atuação internacional. Em agosto de 2018, Eduardo Bolsonaro, filho do então candidato à presidência no Brasil, se reuniu com Steve Bannon que então se tornou conselheiro da campanha presidencial do então candidato, ainda em agosto de 2018. Em novembro daquele mesmo ano Eduardo publicou no *Twitter* uma foto como convidado de Steve Bannon em sua festa de aniversário. Ainda em 2018, Eduardo promoveu em Foz do Iguaçu a Primeira Cúpula Conservadora das Américas, buscando reunir representantes de organizações de extrema-direita.

O fato é que as técnicas de difusão de mentiras multiplataformas que Bannon importou da experiência do *Brexit*, por sua vez, aprendida com Putin na anexação da Crimeia, se somaram a guerra jurídica encarnada na Operação Lava Jato. A presença de Steve Bannon só demonstra o lado do espectro político e político da desestabilização como Guerra Híbrida que vem sendo processada no país desde 2013.

A Lava Jato como guerra jurídica novelizada pelos meios de comunicação, somada a mangueira incendiária de mentiras em múltiplas plataformas digitais, feitas de fazendas de clicks, nos quais há pessoas contratadas para dar curtidas ou compartilhar publicações, ou feita por softwares programados a partir de inteligência artificial para curtir e compartilhar publicações com desinformação e mentiras, os chamados *web robots - bots -*, instrumentalizaram nossa desestabilização política, mas isso não foi possível sem a construção progressiva de uma ideologia e a convergência progressiva de opositores e manifestantes contra o governo de Dilma Rousseff e o PT, e favoráveis a redefinição da economia política em direção à agenda *facholiberal.*

A desestabilização como Guerra Híbrida à Brasileira precisava de suas próprias cores e ideologia para ser uma autêntica Revolução Colorida. Seus operadores e a massa de manifestantes trajaram verde e amarelo!

4. A IDEOLOGIA DA GUERRA HÍBRIDA VERDE-AMARELA

Ironicamente, desde Lênin, um ícone do socialismo de Estado, há a convicção de que não há revolução sem teoria revolucionária. Do outro lado do espectro político-ideológica, Milton Friedman, pai da doutrina do choque econômico capitalista, apontou que as tomadas de decisões em momentos de crise dependem das ideias que estão prontas para ser colocadas em prática. Ambos eram, dentro de suas convicções, inteligentes o suficiente para saber que as ideias brotam dos interesses em conflito das classes, dos grupos de interesses e dos Estados Nacionais. Por sua vez, Maurice Joyeux, em *Reflexões sobre a Anarquia* (1992), escreveu que as ideias anarquistas precisavam ser mantidas vivas na memória para em momentos de crise e instabilidade estar à disposição daqueles que professam liberdade e igualdade.

O que esses três intelectuais de diferentes correntes do pensamento econômico e político mantém em comum é a visão de que não há ação política sem um conjunto de valores e ideias que mobilizem as pessoas.

Nesse sentido, nenhuma das ações híbridas colocadas em prática prescindiram de uma ideologia que fosse capaz de unificar segmentos contraditórios num movimento de enxame, manifestação e insurgência contra o governo. No entanto, para ter sucesso as ideologias de desestabilização política tiveram uma a uma que colher na sociedade alvo representações culturais, sociais e espaciais para então mobilizar sentimentos viscerais, para do ódio e da violência superumanizar a si e aos "seus" e desumanizar os "outros".

A ideologia de desestabilização provoca um curto-circuito na formulação de identidades de que falou Castells (2018). Em sua trilogia escrita na virada do milênio, Manuel Castells escreveu que há basicamente três formas de identidade que surgem da contradição entre a vida nos lugares e a ordem internacional em ascensão: as identidades transformadores, as identidades de resistência e as identidades legitimadoras. Castells soube como poucos dentro da ciência crítica entender que movimentos sociais não são apenas progressistas, eles podem ser reacionários e legitimadores de ordens sociais brutais. No entanto, as ações de desestabilização por ações/guerras híbridas vem sendo capazes de reorganizar sentimentos e representações da vida e de mundo mobilizadoras de ódios, horrores e violências sociais, para então ousar construir um passado imaginário de fascismos sociais, algumas vezes em nome da democracia liberal e seu modo de liberdade, e em nome da moral individual e pública. É o caso brasileiro!

A ideologia da desestabilização só pode lograr êxito se for capaz de ingressar nas visões de mundo presentes na vida cotidiana e relacioná-la com representações gerais dos processos que ocorrem naquilo que Henri Lefebvre (2001) chamava de ordem distante ou que Braudel (1987) chamou de a camada superior do capitalismo, a relação entre Estados e Corporações - o contramercado. Lefebvre trabalhou com a perspectiva de que o espaço deveria ser compreendido como aquele concebido entre grandes poderes, aquele da vida cotidiana e aquele resultado de nossas percepções entre um e outro. A ideologia de desestabilização, concebida nos gabinetes corporativos e no *bureau* dos grupos políticos com capacidade de influenciar os Estados na tomada de decisão, precisam chegar à vida cotidiana, aproveitar de sua experiência, antagonismos e fraturas, para então alterar a percepção e opinião diante dos fatos, dos eventos e dos acontecimentos.

Braudel, antes mesmo de Lefebvre, havia escrito que a História deveria compreender as sociedades em três dimensões, a vida material - o cotidiano das gentes -, o mercado - o conjunto de relações em que trocamos bens econômicos, simbólicos, cultura, saberes - e o contramercado - lugar de forte atuação de corporações, grupos políticos e Estados capazes de regular as relações até os limites da vida material. A ideia de contramercado de Braudel não é muito diferente do conceito de espaço concebido de Lefebvre, no entanto, tira da sombra que o objetivo de qualquer grupo com poder é intervir na vida material para estabelecer monopólios ou reservas para si na esfera do mercado - reservas econômicas e não econômicas.

As ideologias de desestabilização cumprem esses dois papéis, alterar a percepção das pessoas na vida cotidiana e, ao fazê-lo, criar reservas ou monopólios de mercado da perspectiva econômica, não econômicas, simbólicas, na produção e difusão de saberes e conhecimento.

O fundamento ideológico de algumas experiências de desestabilização política como Guerra Híbrida foram a anticorrupção, promoção da democracia liberal e a liberdade empresarial-corporativa. Obviamente que isso pode encaixar como uma luva para qualquer grupo, classe, segmento de classe, empresas, comunidades, movimentos e identidades sociais. Com esses valores é possível articular uma gama de movimentos com matizes ultraliberais, democratas liberais, social democratas, frações demográficas sem ideologias definidas e, como temos assistido, facções de ultradireita-neofascistas.

No caso brasileiro, esses valores careciam de conteúdo e qualificação, com as movimentações políticas desde as jornadas de rua de 2013 foram adquirindo conteúdos *facholiberais* - a predominância da lógica da exclusão, do controle social e da liberdade corporativa, acima do direitos individuais, sociais, civis, políticos e econômicos.

A ideologia de desestabilização verde-amarela tem como princípio lançar mão de um duplipensar constante para ajustar a ideologia de acordo com sua capacidade de mobilização de grupos não estatais contra o Estado e o governo. Isso significa mobilizar intensamente representações contraditórias, segundo cada instante, cada momento e então desorientar propositalmente as vozes capazes de gerar reação, a ponto de se enxergarem num impasse, numa condição de impotência, numa posição de *voyeur* incapaz de agir ou formular reação. No poder, os operadores políticos da desestabilização continuam a acioná-la cotidianamente para transformá-la numa autocracia envolta num militarismo e no messianismo. Mesmo a razão prática da biopolítica e da necropolítica entram num estado de vertigem para dar lugar ao estado de barbárie.

A desestabilização levada ao poder e acionada dia a dia nos parece ser o limite dessa ideologia, uma vez que leva a fratura extrema para dentro do aparelho de Estado, tornando a fragmentação do tecido social em política de governo. Aqui se ensejou um paradoxo na experiência brasileira de desestabilização. Os críticos da democracia liberal-corporativa, com perspectivas de pressioná-la em direção à sua radical democratização, se vêm obrigados a defender a democracia corporativa, sob pena de perder as frágeis liberdades individuais e coletivas que se tem aí.

É em contextos políticos nacionais como esse que é possível compreender as reflexões de Steven Levitsky e Daniel Ziblatt (2018) sobre a regressão das democracias. No entanto, é importante assinalar que se as democracias "morrem" como opinam Levitsky e Ziblatt é porque são frágeis e vulneráveis, porque não foram capazes de transformar seus contratos sociais em condições estáveis de liberdade, não aquela vista na perspectiva empresarial-corporativa, mas aquele que oferece as condições para cada pessoa e grupo social desenvolver suas potencialidades dentro de um ambiente institucional e regulatório que ofereça por sua vez igualdade de condições, por meio de mecanismos para diminuir desvantagens sociais de pessoas, grupos e segmentos de classe que vivenciam processos de marginalização permanente.

Por outro lado, uma outra reflexão a ser feita, dentro da perspectiva de George Friedmann (2012), um geopolitólogo estadunidense, ultrarealista, alinhado ao *establishment* da política externa daquele país, é que há uma tensão permanente entre império e república, ou tendências imperialistas e tendências republicanas. Friedmann, ao proferir seu desejo de manutenção da hegemonia estadunidense, contraditoriamente nos mostra que onde os interesses imperialistas, empresariais e corporativos prevalecem, as democracias e as repúblicas se estruturam como bizarras autocracias, sociedades de autogolpes e, como diria Viviane Forrester (2001), em estranhas ditaduras.

Mario Vargas Llosa, um liberal convicto, escreveu que golpes de Estado na América Latina são tão comuns quanto margueritas e a salsa. Llosa, em alusão ao presidente que viria a se tornar ditador no Uruguai, Juan María Bordaberry, chama de "bordaberrização" o processo em que: *"um presidente eleito feche, com o apoio de militares traidores, o Congresso, a Suprema Corte, o Tribunal de Garantias Constitucionais, o Tribunal de Contas [...] suspenda a constituição e passe a governar por decretos-leis"* (LLOSA, 2009, p.63). Bordaberry, pouco mais de um ano depois de chegar ao poder pelo voto popular em 1972 no Uruguai, suspendeu o parlamento, a constituição, as liberdades civis, as associações e os partidos políticos, transformando em ditadura uma das democracias mais sólidas da América Latina de todo o século XX.

George Orwell, no espectro político contrário de Friedman e Llosa, quando escreveu sobre o duplipensar no livro *1984* (2005), uma distopia sobre o mundo soviético, compreendeu que uma das técnicas de poder mais eficazes é a revisão permanente da ideologia a ponto de provocar uma desorientação também permanente e assim a paralisação. As ideologias de desestabilização fazem isso de forma sistemática. No poder elas provocam um mal-estar permanente. Como os porcos de *Revolução dos Bichos* do mesmo George Orwell (2007), seus representantes estão em constante mutação em nome do poder.

No poder, a mutação constante nos provoca *shocks* permanentes, desorientados, povo, público, audiência e sociedade, mal conseguem reagir a agenda de horror econômico que vai sendo implementada e a militarização da política que se descortina. O ódio que é evocado, intensifica a violência política que os diferentes Estados, inclusive o Estado Brasileiro, havia domesticado ao longo do século XX.

A ideologia verde-amarela em questão se refere ao conjunto de representações que foram articuladas para servir de pavimento para os movimentos de manifestantes, insurgentes e de oposição ao governo do PT a partir de 2013. Seu ponto de partida foram as denúncias de corrupção contra o governo desde o chamado *escândalo do mensalão* em 2005 e depois o que foi chamado pela imprensa *corporativa de Petrolão.*

O primeiro se refere às acusações pagamentos de mensalidades no valor, à época, de 30 mil reais aos deputados e as deputadas que votassem de acordo com os interesses do governo, segundo denúncias do então Deputado Federal pelo Partido Trabalhista Brasileiro, Roberto Jefferson. Ao supor pagamento de propina e nomeá-lo de *mensalão,* o deputado que, segundo ele próprio, participava do esquema e a imprensa que difundiu o termo, criaram as condições de confundir denúncias com fatos, sem que estes fossem totalmente esclarecidos ao grande público.

Essas denúncias se transformaram na Ação Penal 470 levada ao Supremo Tribunal Federal, no qual parte da cúpula do Partido dos Trabalhadores foi condenada com base na teoria jurídica alemã do *domínio dos fatos*. Grosso modo, significa punir exatamente aquele que porventura tenha cometido um crime e aquele que sem ter cometido ou participado diretamente, em tese, é sabedor ou beneficiado pelo crime e não interveio porque a ação do criminoso estaria então em acordo com seus interesses. No caso da Ação Penal 470, a acusação de interesse da cúpula do PT e do poder executivo em formar maioria parlamentar no Congresso Nacional para aprovar seus projetos.

Ação penal aqui se tornou ação política, na qual os antagonismos e animosidades partidárias, por sua vez, ganharam o *status* de presunção de culpa, ensejando as condições de criminalização partidária, política e da criminalização das formas de regulação do Estado.

Além disso, a espetacularização e midiatização da ação penal novelizou a vida dos envolvidos nas acusações de tal forma a criar protagonistas e antagonistas, bandidos e mocinhos, pessoas de bem e do mal. Ao transformar a ação penal num objeto de criminalização do PT, se ampliou a representação de seletividade político-partidária do que vem a ser corrupto e corrupção, perdeu-seu a oportunidade de saber exatamente que relações foram aquelas, como cada acusado participou ou não, como a institucionalidade oferecia condições para mecanismos de fraude e corrupção na alta política, como então criar mecanismos para evitar ou minimizar a continuidade de eventos similares, como tornar as instituições mais imunes à corrupção, ampliando assim o nosso frágil contrato social e seu respectivo Estado de Direito.

A Ação Penal 470, à despeito de investigar, acusar e punir dentro dos procedimentos constitucionais, levou para a alta política a novelização de acusações, dos acusados, do crime e da criminalidade que os sistemas de comunicação do país já faziam no tratamento da criminalidade comum que envolvem eventuais acusados e criminosos egressos de setores marginalizados. O horário nobre das redes de televisão replicaram de forma sofisticada os piores programas de jornalismo policial dos horários de fim de tarde das emissoras brasileiras. A barbárie, o justiçamento, o preconceito e a arbitrariedade do editorial típico de jornalismo policial, ganhou sua versão *gourmetizada* para atender a novelização da alta política. Abriu-se o caminho para ampliar as demandas já apodrecidas de um Estado de justiçamento penal com representações seletivas de corrupção, intensificando a despolitização da audiência.

Ao novelizar o PT como partido que sistematizou a corrupção, tirou dos seus partidários em grande medida a capacidade de ver eventuais práticas de improbidade e a possibilidade de fazerem a crítica radical dos casos de corrupção em que se meteram os membros do partido com cargos público. Por outro lado, ofereceu aos partidários da oposição a miopia em relação aos crimes cometidos por opositores ao PT e colocou a anticorrupção como principal agenda política, reduziu reflexões, projetos e pactos de economia política à questão íntima moral, com contornos de bizarrice e barbárie. A despolitização da audiência, do público e dos temas nacionais ganhou um novo paradigma.

Não obstante, foi neste momento em que houve o primeiro gatilho de guerra jurídica - *Lawfare* - na redemocratização brasileira, com forte engajamento das corporações de comunicação e suas tentativas de conformar e conectar a opinião pública/audiência aos antagonismos da política partidária. Esse que foi embrião da guerra jurídica recente, trouxe em seu bojo a política e penalidade como espetáculo e *showbiz*. Levou para as altas esferas do Estado a justiça como justiçamento e sedimentou a seletividade na representação do que é corrupção e de quem são os corruptos, jogando uma grande fumaça na maneira como o presidencialismo de coalizão constrói suas bases congressuais - às vezes pela política, às vezes pela violência, às vezes pelo lobby empresarial, às vezes pela fraude e corrupção.

Ao longo desta novelização da alta política foi sendo arregimentado milícias, setores da segurança pública e do judiciário, classes médias, empresários, profissionais liberais, grupos políticos, segmentos populares ligados principalmente à corporações religiosas e setores da imprensa corporativa.

Simultaneamente a isso, programas humorísticos e programas popularescos de televisão e rádio apresentavam ao público nacional a figura política de Jair Bolsonaro, sendo apresentado como político exótico, excêntrico, bizarro e extemporâneo no pior sentido do termo. Programas como o Superpop da Rede TV, CQC da Rede Bandeirantes e o Pânico na TV - que depois se transformou no programa da Rádio Joven Pan - ganharam audiência, publicidade e dinheiro oferecendo espaço televisivo e radiofônico ridicularizando a política estatal de forma a alimentar a despolitização da audiência.

A concepção de corrupção na regulação e gestão do Estado, a que chamarei aqui de corrupção pública ou política, foi sendo ao longo do tempo articulada com a concepção de corrupção geopolítica, corrupção civil e corrupção moral.

A corrupção geopolítica foi caracterizada em torno da política Sul-Sul adotada pelos governos do PT desde 2003. Empréstimos e investimentos feitos pelo Brasil a seus aliados no ambiente internacional - Cuba e Venezuela principalmente -, se deslocando da política de embargo dos Estados Unidos a esses países, foi sendo compreendida como prejudicial ao Brasil, considerando que eram empréstimos e investimentos que guiados por questões ideológicas trariam prejuízos, segundo seus críticos. O investimento brasileiro por meio do Banco Nacional de Desenvolvimento Econômico e Social - BNDES - em Porto Mariel em 2009, uma estrutura portuária nas proximidades de Havana - Cuba -, foi percebida, a partir da narrativa, primeiramente difundida nas corporações de notícia, como um mal investimento.

O fato é que o porto inaugurado em 2014 teve um investimento do Brasil de 800 milhões de dólares do Brasil, todos os materiais de infraestrutura, em contrapartida, foram comprados de empresas brasileiras. A Odebrecht foi a responsável pela construção junto com a empresa cubana Quality que aportou próximo de 150 milhões de dólares. Nesse sentido, o investimento em questão estava em consonância com a política externa de buscar mercados para as empresas brasileiras nos chamados países do Sul global. No fundo, aqui estava uma expressão do contramercado de que falou Braudel. Estado e Corporação articulados para realizar seus interesses. Nesse caso, fortalecer a política externa de projeção para a integração latino-americana.

De fato esse investimento poderia ser submetido à crítica, não pela projeção externa do Brasil e das empresas brasileiras, mas porque o investimento em Porto Mariel foi mais do que todo investimento nos portos brasileiros naquele momento. A confidencialidade dos acordos até 2.027 também levantaram suspeitas de eventuais propinas pagas pelas empresas envolvidas ao PT.

Outro episódio que me parece expressar bem a noção torpe de corrupção geopolítica foi a nacionalização das refinarias de gás e petróleo promovidas por Evo Morales em 2006, dentre elas refinarias da Petrobras. O governo brasileiro, mesmo diante de apelos à retaliações pelo Brasil à Bolívia por parte da oposição partidária, resolveu reconhecer a soberania daquele país na gestão dos seus recursos naturais.

Ambos os eventos que representam o tom da política externa brasileira, foram sendo compreendidos como expressão da corrupção da geopolítica do Brasil para na relação com países parceiros. A realização da Copa do Mundo em 2014 e das Olimpíadas de 2016, num típico movimento de *soft power* do Estado Brasileiro, também foram compreendidos como essencialmente condição da degeneração da política externa. Aqui as críticas ao governo vieram tanto do espectro político à direita quanto do espectro político à esquerda - da esquerda partidária à esquerda nos movimentos sociais. A frase presente nos protestos contra a realização da Copa do Mundo de 2014: *"Não vai ter Copa"*, foi entoada por anarquistas e protofascistas que disputavam os rumos das manifestações nas ruas. As críticas honestas e necessárias deram lugar à críticas desinformadas e logo pavimentaram o caminho para a desestabilização do *establishment* da alta política.

A corrupção geopolítica na ideologia verde-amarela teve então sua versão política. A partir do chamado escândalo do *mensalão* - Ação Penal 470 de que falamos anteriormente - e depois as denúncias que ficaram conhecidos na imprensa corporativa de *Petrolão*. O PT passou a ser acusado de corromper a esfera estatal em nome de seus interesses partidários. A eventual compra de votos ou contratos superfaturados entre empresas privadas e empresas estatais foram apresentadas ao público como práticas de uma organização criminosa no comando da política de Estado por setores do judiciário envolvidos nas investigações e ações penais num canal aberto de vazamentos de informações, algumas das quais sigilosas, às corporações mídias. Essas, por sua vez, podiam vender notícias da alta política sem precisar promover mecanismos de investigação ou mesmo verificação. Os jornais e telejornais feitos entre uma publicidade e outra, ficaram recheados de notícias que não precisavam necessariamente produzir, bastava informar ao público os conteúdos dos vazamentos.

A operação Lava Jato encarregada de investigar as eventuais fraudes e práticas de corrupção a partir da Polícia Federal e do Ministério Público, logo ganhou características de guerra e manipulação jurídica, espetacularização, midiatização e novelização num grau ainda superior.

Um dos pontos altos deste enredo, expressando a politização tacanha do judiciário, foi o vazamento ilegal da gravação também ilegal, da conversa telefônica entre a então Presidenta Dilma Rousseff e o ex-presidente Lula em 16 de março de 2016, pelo então Juiz da Lavo Jato, Sérgio Moro. A gravação captada ilegalmente por volta de 13:30 daquele dia, foi apresentada nos jornais televisivos daquela noite como uma tentativa de Dilma Rousseff de salvar seu governo mediante livrar o ex-presidente Lula de investigações de corrupção, nomeando-o ministro da Casa Civil de seu governo, o que garantiria a Lula foro privilegiado para se defender de acusações da Operação Lava Jato e ao mesmo tempo poderia dar fôlego ao governo Dilma pela capacidade de articulação do ex-presidente.

Sem informar o público de que se tratava de uma gravação ilegal, de um vazamento ilegal e de violações jurídicas cometidas por agente público, os telejornais foram aumentando o nível da novelização da alta política, despolitizando o público e aumentando o grau de desestabilização que anos depois não seriam capazes de conter.

Ambas as noções de corrupção - geopolítica e política - não foram o suficiente para a oposição partidária - sobretudo PSDB - de capitalizar votos nas eleições majoritárias para presidente da república em 2006, 2010 e mesmo 2014. Principalmente pelo ambiente de crescimento econômico, geração emprego e renda que resultaram do contramercado - PT e empreiteiras - e da geopolítica de integração e aproximação com países de fora do eixo Estados Unidos e Europa.

Se quisesse ter sucesso, a oposição partidária liderada pelo PSDB, com forte apoio da imprensa corporativa, teria que buscar alterar a opinião fora do nível da racionalidade econômica e política, teria que apelar para questões de intimidade, do corpo, da psique e da sexualidade.Teriam que trazer as práticas extremas de biopoder para o centro dos conflitos políticos.

É assim que a concepção de corrupção geopolítica e política encontrou a noção de corrupção moral disseminada nos círculos religiosos, capilarizada pela atuação de corporações religiosas em áreas e lugares que nem mesmo os movimentos sociais estavam presentes. A oposição partidária Psedebista, tradicionalmente neoliberal inclusive nos costumes, passou a problematizar temas que envolviam questões de gênero, de identidade sexual e educacional: temas como aborto, casamento homoafetivo, criminalização da homofobia, direitos das pessoas LGBT e direitos humanos compuseram uma narrativa de que os governos do PT, para além da corrupção geopolítica e política na regulação do Estado, estavam promovendo ou disposto a promover a corrupção moral atendendo às reivindicações dos movimentos pelos direitos da mulher e pelos direitos da população LGBT.

A corrupção moral, assim, era uma forma de atingir a estruturação das famílias, sobretudo daquelas de moral cristã. Nessa perspectiva, os governos do PT foram identificados como contrários a estruturação social patriarcal e heteronormativa. Um subproduto desta perspectiva atingiu em cheio as políticas educacionais, uma vez que aos governos do PT foram atribuídos políticas de educação sexual nas instituições públicas que tinham como objetivo promover a corrupção moral de crianças e adolescentes. É aí que se insere o que ficou conhecido na imprensa corporativa e nas redes sociais nas quais se difundiu desinformação, o *kit gay*, *mamadeira de piroca* e ideologia de gênero. Estavam dadas as condições subjetivas/psicológicas da desestabilização política.

Em 2004 o ministério da educação propôs um projeto chamado Escola sem homofobia, cujo objetivo era estabelecer mecanismo de formação continuada de professores da rede básica, de tal modo a promover reflexões sobre o combate à homofobia. O projeto não chegou a ser executado, mas em 2018 o candidato a presidente Jair Bolsonaro, em entrevista ao Jornal Nacional, ao ser questionado sobre suas declarações que incitavam a violência contra pessoas homossexuais pessoas afirmou que o livro *Aparelho Sexual e Cia - Um guia inusitado para crianças descoladas*, da francesa Hèlene Bruller e do cartunista suíço Philippe Chappuis, publicado no Brasil em 2007, havia sido distribuído pelo Ministério da Educação quando o seu adversário nas eleições, o então candidato Fernando Haddad, havia ocupado o cargo de ministro. Ao sair da entrevista, o então candidato fez uma transmissão no *Facebook* para 40 milhões de usuários repetindo a desinformações e a mentira que havia contado em rede nacional. A *firehosing* passou a atuar a pleno vapor.

O então candidato a presidente Jair Bolsonaro afirmou que o livro fazia parte do *"kit gay"* distribuído pelo Ministério da Educação à crianças e que havia sido apresentado no *9° Seminário LGBT Infantil promovido pelo Congresso Nacional* em 2010. Na verdade, houve um Seminário LGBT no Congresso Nacional promovido pela Frente Parlamentar Mista de Cidadania LGBT. No entanto, esse evento ocorreu em 2012, não teve qualquer relação com o Ministério da Educação e seus participantes eram especialistas em educação, psicologia, direito e sexualidade.

Semanas depois dessa entrevista, um vídeo de aproximadamente um minuto teve mais de 3 milhões de visualizações no *Youtube* em pouco mais de dois dias. Intitulado *mamadeira de piroca*, uma referência ao órgão genital masculino, o vídeo apresenta um rapaz que esconde o rosto afirmando que Haddad, Lula, Dilma e o PT estavam distribuindo nas creches uma mamadeira com o bico em formato de pênis para que as crianças pudessem ser alimentadas. O rapaz continua afirmando que a mamadeira fazia parte do *kit gay* e que para evitar aquela situação era necessário dar o voto à Bolsonaro. A mamadeira em questão na verdade era um brinquedo vendido em lojas eróticas.

Ambas as situações representam a construção da ideia de corrupção moral das famílias, das crianças, da heteronormatividade e do patriarcalismo que se juntou a ideia de corrupção geopolítica e política. Em grande medida, o *kit gay* como desinformação só pode ser entendido na esteira do conceito de ideologia de gênero criado na Conferência Episcopal do Peru em 1998 e depois apropriada pelas igrejas pentecostais e neopentecostais. Sua evocação se tornou um mantra político contra as políticas de direitos humanos para mulheres e para o público LGBT e unificou grupos e populações religiosas numa pauta política de manutenção dos privilégios heteronormativos e patriarcais. Essa propaganda política negativa, aparentemente absurda, tem o objetivo de gerar indecisão e desmobilização do público-eleitor do adversário político e ao mesmo tempo produzir mobilização e engajamento da própria base política e atrair simpatizantes.

No entanto, naquele momento estávamos experimentando uma nova técnica de propaganda política, disseminada desde Putin na invasão da Criméia, passando pelo *Brexit* e pela eleição de Donald Trump nos Estados Unidos (PAUL; MATTHEWS, 2016). Em meio a crescente configuração da política de desestabilização, as máquinas de propaganda política transitaram da propaganda negativa, já presente na política partidária brasileira, para a produção, difusão sistemática de mentiras, desinformação e meias-verdades com a finalidade de confundir e paralisar opositores, por um lado, e cristalizar crenças políticas e engajar partidários e simpatizantes, por outro, num fluxo alucinante e frenético em múltiplas plataformas digitais - *Facebook, Youtube, Whatsapp, Twitter e Instagram.*

A capacidade de demonstrar inconsistência e desmentir não acompanham o ritmo de mentiras e notícias falsas - *fake news* . Ao desacreditar uma mensagem de *firehosing* há tantas outras novas que fica praticamente impossível impedir que seus objetivos sejam alcançados, uma vez que monopoliza as primeiras impressões e representações do público alvo, definindo assim parte da visão dos acontecimentos e ações das pessoas bombardeadas. A disposição nas redes sociais e plataformas digitais as deixa acessíveis para ser replicadas no profundo da vida cotidiana, nos círculos familiares, entre os amigos, colegas e conhecidos, produzindo uma psicosfera de reconhecimento da mentira em verdade, normalizando o duplipensar orwelliano, isto é, aceitando as mentiras como verdades, as crenças contraditórias de valores e o contínuo autoengano coletivo.

À corrupção geopolítica, política e moral se juntou ao que chamarei aqui de corrupção civil. Identificado com a corrupção na regulação do Estado e com a corrupção da moral hetero-patriarcal das famílias, o PT foi também identificado como a força que corrompe a sociedade civil na perspectiva de tolerar crimes de corrupção e crimes comuns, favorecendo a impunidade dos "criminosos". Assim, a corrupção civil passa a evocar a necessidade de aparelhar e instituir o Estado de suas funções penais, suas funções de controle social e repressão policial, o que, por sua vez, corroborou a novelização da alta política entre setores do judiciário e as corporações midiáticas.

Nessa perspectiva têm-se um chamamento para a instrumentalização do caráter penal do Estado em detrimento dos seus instrumentos de bem-estar uma vez que coloca aqueles em conflito com a lei, seja na baixa-criminalidade - crimes comuns -, seja nos crimes que ocorrem nas altas esferas em que se relacionam políticos e empresários, como uma questão ética e moral e não como uma questão que se remete a lógica das desigualdades sociais, por um lado, ou a lógica da relação patrimonialista do Estado Brasileiro, por outro. Assim, o Estado Policial se sobrepõe ao Estado prestador de serviços públicos. O que convenhamos se articula muito bem com a lógica neoliberal.

Foi assim que nas eleições federais de 2014 o candidato Psdebista, Aécio Neves evocou a diminuição da maioridade penal de 18 para 16 anos. Obviamente que o objetivo do candidato era trazer para sua candidatura setores do judiciário e das forças de segurança, bem como parte das classes médias amedrontadas com a insegurança pública.

As diferentes formas de representação da corrupção - geopolítica, política, moral e civil - virou o cimento que juntou diferentes setores, grupos, segmentos de classe, famílias e pessoas para abrir uma luta aberta contra o governo do PT, identificando a si como patriotas-cristãos-liberais, "cidadãos de bem" e a regulação do Estado feita pelo PT e seu diálogo com setores que atuam na promoção de direitos humanos como "comunismo". Aí estavam dadas as condições psicológicas de enfrentamento e a dissolução da racionalidade.

Minha hipótese, que precisará ser validada em outro trabalho ou por outros pesquisadores ou pesquisadoras, é que a primeira vez que em oposição ao PT o PSDB lançou mão de uma campanha negativa, cuja característica é a desconstrução do adversário e a neutralização de seu eleitorado a ponto de produzir indecisos e até reverter votos, foram as eleições municipais para prefeitura de São Paulo de 2004 em que o Psedebista José Serra ganhou as eleições contra a Petista na época Marta Suplicy que buscava a reeleição. Duas táticas muito utilizada pelo partido naquela eleição foram atribuir à adversária a pecha de criadora de impostos apelidando-a de *Martaxa* e a difusão nos bastidores de que ela traiu o marido, Eduardo Suplicy, o que motivou a separação do casal em 2001 quando Marta já era prefeita de São Paulo, relacionando claramente moral pública, moral privada e misoginia. Naquele momento sutilmente José Serra conseguiu atrair setores empresariais, segmentos médios e setores populares mais conservadores.

O candidato obteve êxito, ganhando aquela eleição por quase 55 % dos votos contra 45 %, uma diferença de aproximadamente 600 mil votos. Em relação às eleições anteriores Marta teve 600 mil votos a menos no segundo turno daquelas eleições e a quantidade de brancos, nulos e abstenções aumentaram em mais de 400 mil votos. Não é possível afirmar exatamente qual foi o papel da evocação moral nessas eleições, mas ela funcionou enquanto tática política. Seu *Know How* em propaganda negativa e articulação de setores reacionários e conservadores nessa eleição foi o embrião do que viríamos a ver depois em 2010 nas eleições presidenciais de que ele participou, em 2014 e 2018.

Minha outra hipótese aqui, que ajuda a explicar o porquê Jair Bolsonaro foi eleito presidente em 2018, é que os partidos tradicionais de oposição ao PT e o próprio PT, por suas trajetórias e histórias políticas, não poderiam trazer o conceito de corrupção moral sem grandes prejuízos para os partidos e seus membros, bem como sem causar prejuízos a suas bases políticas de modo a perder partidários na sociedade civil. Não obstante, não poderiam atravessar a linha que separa a propaganda política negativa, de desconstruir o adversário, para as técnicas de propaganda de difusão sistemática de mentiras. Somente aqueles que se apresentaram como não políticos e aqueles partidos sem expressão na vida política nacional pós-redemocratização poderiam assumir este papel, uma vez que sem base política significante e sem trajetórias políticas consistentes enquanto instituições partidárias não tinham de fato o que perder.

A aposta no *Lawfare* da oposição partidária ao governo do PT havia saído de controle ao criminalizar todo o *establishment* partidário, apostar no *firehosing* diretamente poderia ser transformar numa autofagia. Assim, o Partido Social Liberal - PSL -, um verdadeiro partido de aluguel, sem a menor expressão na política nacional, se utilizando da difusão sistemática de mentiras e notícias falsas, conseguiu transformar um ex-militar de baixa patente expulso do exército, egresso do submundo do congresso nacional após quase três décadas, com ligações diretas com grupos milicianos do estado do Rio de Janeiro, saudoso da Ditadura Militar e seus métodos de tortura, no candidato anticorrupção geopolítica e política, anticorrupção civil e moral, simultaneamente pró-Estados Unidos, pró-Estado Policial e Penal, pró-moral cristã pentecostal, pró-neoliberalismo e antipetista/antiesquerda/anticomunista.

O *firehosing* de Bolsonaro atropelou a propaganda tradicional do PT, com a ajuda da *Lawfare* da Lava Jato, encabeçada por Sérgio Moro, que ao decretar a prisão do ex-presidente Lula o tirou da disputa eleitoral de 2018, pavimentando o caminho de Bolsonaro à presidência. Não obstante, canibalizou a direita partidária que acreditou que o jeito fascistóide de

Bolsonaro causaria prejuízos aos partidos de centro-esquerda, mas abriria o caminho para volta da direita neoliberal ao poder central naquelas eleições.

Com a eleição de Bolsonaro com 57 milhões de votos, o *firehosing* e sua máquina de mentiras, desinformações, falsas notícias e irrealidades, foi levada para dentro da cúpula do governo. Assim, a mangueira incendiária de mentiras agora não é mais propaganda eleitoral, com Bolsonaro e seu próprio contramercado, foi convertida no próprio governo.

5. DESESTABILIZAÇÃO VERDE-AMARELA E A REDEFINIÇÃO DA ECONOMIA POLÍTICA DO TERRITÓRIO BRASILEIRO

As Jornadas de Junho de 2013, é preciso dizer, começaram como manifestação populares que vistas isoladamente e no calor do momento, pareciam reivindicar as ruas das cidades onde ocorreram para o embate anticapitalista e a crítica do pacto de contramercado entre os grupos políticos no poder e os grupos econômicos.

Ao alcançar a hegemonia na mais alta esfera do Estado brasileiro, as forças mais à esquerda do espectro político se burocratizaram e deram as costas aos movimentos sociais. Ali estava evidente que estratégias keynesianas nacionais e cidades ultraliberais não eram incompatíveis e deixaram nu a gestão trabalhista do Estado liberal à moda brasileira. É necessário expor, com certo lamento, que foram forças à esquerda que oferecem o momento e a oportunidade à desestabilização verde-amarela *facholiberal*. As esquerda partidária no poder não conseguiu dialogar com aquele impulso. As esquerdas anarquistas e trotskistas não tinham como controlar o que colocaram em marcha. Sem poder travar as manifestações houve um consórcio político-midiático que domesticou as manifestações e a canalizou para desgastar o governo federal.

As manifestação contra o aumento de 20 centavos decretado pela prefeitura da cidade de São Paulo no valor das passagens de ônibus e pelo governo do Estado de São Paulo nas passagens de trens e metrô em 2013, inicialmente convocadas por movimentos à esquerda, como o Movimento Passe Livre, literalmente saltaram escalas como escreveu Neil Smith (2015), das ruas da cidade de São Paulo para cidades em todo país, levando milhões de pessoas às ruas para protestar contra o governo federal. Logo, nos meses seguintes essas manifestações se direcionaram contra os gastos para realização da Copa do Mundo de 2014 e as Olimpíadas de 2016, que estavam no *soft power* da geopolítica brasileira.

A ingenuidade, a ausência de diálogos entre a esquerda no poder burocratizada e a esquerda nas ruas, o enclausuramento da esquerda acadêmica e convenhamos, a incapacidade de todos de entender o jogo de xadrez da transição hegemônica e a formação deturpada das elites brasileiras capazes de qualquer coisa para manter seus privilégios, transformaram manifestação pelo direito à cidade no sentido de uma forma superior de direitos de que falava Henri Lefebvre (2001), em manifestação por fascismos sociais e políticas de mercantilização dos direitos e da vida.

As forças conservadoras incapazes de formular um projeto político que vencesse nas urnas e as forças de extrema-direita há muito tempo no submundo, souberam manejar e aproveitar o momento consciente de que outro evento histórico poderia não se repetir tão logo.

Os progressistas ofereceram os eventos, os regressistas fizeram a história da desestabilização política!

A desestabilização verde-amarela foi o resultado da convergência de processos e principalmente ações políticas, econômicas, midiáticas, jurídicas e culturais que vislumbraram tensionar a esfera estatal e sua capacidade de regular, normatizar e interferir na economia nacional, de tal maneira a produzir um choque político-econômico-cultural-identitário capaz de alterar percepções, perspectivas, programas e a própria dinâmica do Estado territorial brasileiro com o objetivo de implementar uma agenda *facholiberal* que simultaneamente fosse capaz de realinhar o Estado e a sociedade civil brasileira aos Estados Unidos no plano da política externa.

Logo, como forma de criar uma identificação, estes grupos de interesses variados apelaram para o sentimento nacional brasileiro, identificado no profundo da vida cotidiana com a camisa verde-amarela da seleção brasileira de futebol. Dentre outras coisas, essa reivindicação do sentimento nacional tinha como objetivo esconder qualquer tensão social, qualquer tensão racial ou de gênero, e qualquer tensão de classe. As condições para o ressurgimento de um populismo de extrema-direita estavam colocadas, só a espera de uma figura que pudesse personificar.

A agenda *facho* tem significado ampliar o controle social de tal modo a permitir diminuir direitos sociais, civis e individuais, por meio do desmantelamento de políticas de proteção e bem-estar, o que permitiu ampliar as formas de exploração do trabalho, cujo controle está difuso na sociedade e representado em frações do Estado, evocando ódio, medo, violência e insegurança.

No caso brasileiro, além do Estado e suas instituições diretamente responsáveis pela lei e as armas - judiciário, forças armadas e polícias -, as corporações de comunicação, as igrejas - principalmente as pentecostais e neopentecostais[20] (GAARDER; HELLERN; NOTAKER, 2005) - e as forças

---

[20] Tanto o movimento pentecostal quanto o neopentecostal são formas de releituras do cristianismo que ganharam força principalmente nos Estados Unidos ao longo do século XX. Enquanto o movimento pentecostal tem sua difusão no começo do século XX, os neopentecostais passam a ter força a partir dos anos de 1970. Esses movimentos adotaram uma mensagem direta aos problemas reais dos setores populares, adotando os meios de comunicação de massa como uma forma de difundir sua mensagem. Os neopentecostais foram pioneiros no uso da televisão como ferramenta de difusão e na adoção da chamada teologia da prosperidade que relaciona o acúmulo de bens materiais com eventuais bênçãos divinas.

paramilitares e milicianas que vem se multiplicando pelo país, mantém um papel de suma importância.

Por que estes operadores?

Porque resumem como ninguém a ideia de lei, ordem e nação, negando ao mesmo tempo qualquer contradição de classe, gênero e raça tão presente na sociedade brasileira, sendo então mais suscetíveis a uma narrativa de ultraliberalização econômica e negação de liberdades sociais e direitos individuais.

Quando falo do Estado, nesta altura é importante expor que estou me referindo dentre outras coisas a sua dimensão territorial, tenho como premissa que não há Estado Nacional que não tenha uma base territorial na qual ele projeta seu poder sobre as instituições, as leis, as políticas de Estado e Governo, a regulação econômica - das empresas estatais e privadas, da bolsa de valores, dos títulos do tesouro, da infraestrutura, dos trabalhadores com registro formal e daqueles sem qualquer registro e proteção chamados eufemisticamente de empreendedores. Quando escrevo Estado territorial me refiro a esfera em ampla e selvagem disputa, com potência de fazer política e comércio internacional, e definir a microeconomia, aquela do mais profundo cotidiano das pessoas, grupos sociais, comunidades e segmentos de classe.

Desde o ano de 2013 se constituiu pontos de tensionamento das disputas políticas internas de tal modo a se estabelecer o caos administrado, com o objetivo de impedir o governo a ponto de trocá-lo e fazer um *"reboot"* da economia política. Isso somente se tornou possível com a convergência de interesses internos e externos, não havendo grupos armados não oficiais diretamente envolvidos.

Ao apelar para o nacionalismo vazio, buscou-se apoio nos quadros das forças de segurança pública e nas forças armadas. Somente com a eleição de Jair Bolsonaro, surgiram as condições políticas para facilitar a compra e o porte de armas, muito provavelmente com a intenção de fomentar grupos armados *a posteriori* - embora setores políticos e da sociedade civil estejam barrando esse processo. Por outro lado, na experiência brasileira, a narrativa midiática, a disseminação de desinformação e a guerra jurídica foram as ferramentas utilizadas para fomentar manifestações em massa capazes de inviabilizar o governo e derrubá-lo numa manobra jurídica. Um golpe de baixa intensidade no sentido de não fazer uso da violência direta se concretizou em 2016 com o *impeachment* da presidenta Dilma Rousseff.

A sessão derradeira da câmara dos deputados que definiu por 367 votos a favor e 137 votos contra, o afastamento definitivo da presidenta foi um espetáculo grotescos. Ao anunciar seu voto pelo afastamento em 17 de abril de 2016, o então deputado federal Jair Bolsonaro proferiu a seguinte frase: *"Perderam em 64, perderam em 2016 [...], pela família e pela inocência das crianças [...] contra o comunismo, pela nossa liberdade, contra o Foro de São Paulo, pela memória do Coronel Carlos Alberto Brilhante Ustra, o pavor de Dilma Rousseff, [...] pelo Brasil acima de tudo e por Deus acima de todos, meu voto é sim".*

A frase que mistura família, crianças, alusão ao golpe cívico-militar de 1964, elogio da tortura e do torturador da então presidenta Dilma durante o período da ditadura militar, evocação da nação e exaltação de Deus, sintetizam exatamente os elementos culturais e ideológicos da desestabilização verde-amarela que o hoje presidente Jair Bolsonaro representa.

Nenhuma candidatura de direita dos partidos tradicionais - PSDB e MDB principalmente - nas eleições federais de 2018 foi capaz de fazer esta personificação, embora tenham sido operadores da desestabilização política, contribuíram com o ambiente político de criminalização, justiçamento e desinformação acreditando que se beneficiariam dos espólios políticos do processo. Ao contrário disso, perderam completamente o controle e passaram a ser estigmatizados como portadores da política corrupta - "velha política", expressa como antagônica na concepção de que Bolsonaro seria o portador da "nova política".

Ao evocar a família, a inocência das crianças, o anticomunismo, a ditadura, o exército, a nação e Deus, ele juntou com maestria segmentos religiosos, opositores do PT - partido de Dilma Rousseff, setores das forças de segurança e segurança pública e setores completamente à sombra dos quais ele mantém ligação e simpatia - as milícias cariocas e as outras espalhadas pelo país. A desestabilização política e a Guerra Híbrida ganharam aí um patamar mais elevado.

No entanto, antes de se ater aos que convergiram na desestabilização política como Guerra Híbrida, é importante entender dimensões da geopolítica e da política dos governos Lula-Dilma-PT a que os participantes desse consórcio de desestabilização se opunham.

O Brasil, desde os governos do Presidente Lula pelo Partido dos Trabalhadores - 2003 a 2006, 2007 a 2010, e da Presidenta Dilma Rousseff pelo mesmo partido- - 2011 a 2014 e 2015 a 2016, buscaram redefinir o umbral de resistência e poder na esfera interestatal das relações internacionais e modificar a potência de regulação da macro-microeconomia na extensão do território nacional. Na medida dos seus pactos políticos, esses governos tentaram alterar de forma limitada e gradual a economia política do território nacional.

No plano externo, foi gradativamente diminuindo a subordinação aos Estados Unidos e costurando uma alternativa multipolar expresso na chamada política externa Sul-Sul, o que abriu espaço para fazer da China o principal parceiro comercial do país. O ponto de inflexão, embora possa haver controvérsias, parece ter ocorrido na 4ª Cúpula das Américas em novembro de 2005[21], em que Lula presidente do Brasil, Néstor Kirchner presidente da Argentina e Hugo Chávez então presidente da Venezuela, simultaneamente, travaram a intenção de George W. Bush, então presidente dos Estados Unidos, de implantar a Área de Livre Comércio das Américas, uma espécie de extensão do NAFTA[22] para todo o continente, e iniciaram a construção da União das Nações Sul-Americanas - UNASUL. De certa forma, isso foi uma derrota para o regionalismo ultraliberal que vinha sendo construído desde os anos de 1990 nos primeiros anos do MERCOSUL.

Não se tratava essencialmente da superação do regionalismo liberal - aberto - e a progressiva construção de um regionalismo pós-liberal como ficou conhecido este processo nas teorias de relações internacionais. Nunca houve um regionalismo pós-liberal. O que houve foram distintos pactos territoriais que tinham uma expressão na política externa que estavam submetidos a alternância de poder como a experiência histórica demonstrou com a derrubada de Dilma Rousseff no Brasil em 2016, a chegada de Mauricio Macri ao poder na Argentina e, dentro outras coisas, a desestabilização da Venezuela agravada a partir de 2015 principalmente com a queda dos preços do petróleo.

Assim, o Brasil, como metade do território, metade da demografia e metade do PIB da América do Sul, passou a desenvolver um esboço de *soft power* na geopolítica do Atlântico Sul e na geopolítica da América Latina,

---

[21] A Cúpula das Américas é uma reunião entre os chefes de Estados organizada pela Organização dos Estados Americanos - OEA. A 4ª cúpula ocorreu em Mar del Plata na Argentina em 2005, 11 anos após a primeira reunião que ocorreu em Miami nos Estados Unidos. O objetivo destes eventos à princípio era instalar a Área de Livre Comércio das Américas - ALCA.

[22] Sigla em inglês para Acordo de Livre Comércio da América do Norte, inaugurado em 1994 com Estados Unidos, Canadá e México como países membros.

abrindo novos mercados para diferentes setores da economia brasileira, que, por sua vez, serviam como ponta de lança e fundo daqueles governos.

Na economia, trouxe o Estado para o primeiro plano, aumentou as taxas de rentabilidade do tesouro como forma de atrair capitais para as mãos do Estado e a partir daí financiar seu poder de regulação do território e interferência por meio das ações-programas políticos, dentre os quais a expansão do crédito para os segmentos do capital nacional e daqueles que vivem do trabalho, tanto no setor formal quanto no setor informal. O que para os primeiros significou a projeção de suas operações para toda América Latina, África e Ásia, e algumas operações nos países centrais, o que obviamente não se fez sem causar perturbações na percepção geopolítica destes países. É o caso da compra da refinaria de Pasadena nos Estados Unidos pela Petrobras[23].

Para os últimos, para os diversos segmentos dos trabalhadores, significou um aumento da capacidade de consumo historicamente reprimido, produzindo a sensação de emersão da pobreza pelo acesso ao mercado de consumo de bens e serviços de milhões de brasileiros. Não obstante, a política de aumento real do salário mínimo, os programas de renda básica, os

---

[23] A refinaria de Pasadena teve 50% de seu controle comprada pela Petrobras em 2006 por um valor de 360 milhões de dólares. Anos mais tarde uma decisão judicial obrigou a empresa brasileira a comprar os outros 50% da refinaria que, recentemente, foi vendida por um terço de seu valor pelo governo Jair Bolsonaro. Pasadena pode ter sido o alertar ao *establishment* estadunidense e seu *deep state* para iniciar um processo de mudança de regime no Brasil. Na geopolítica do petróleo, um país semiperiférico comprar uma refinaria dentro do território do maior consumidor deste recurso até então não seria outra coisa senão uma afronta. Não à toa foi por Pasadena um dos principais *fronts* da guerra jurídica contra o governo brasileiro por meio da operação Lava Jato.

programas de implantação de infraestrutura - como o *luz para todos*[24] -, o programa de aquisição de alimentos e os programas habitacionais, criaram um processo de minimização do mal-estar e horror econômico nos quais estavam submetidos quase um terço da população do país.

Porém, como um axioma proudhoniano, o que se constrói sobre contradições extremas não poderia prosperar por muito tempo, nem tampouco instituições, programas de governo e relações. O paradoxo central deste período é a transferência de renda da sociedade, dos setores produtivos e dos trabalhadores/consumidores para o setor rentista, o que produz um acúmulo de riqueza pelos representantes do capital financeiro, por um lado, e um endividamento para consumidores de capitais - tomadores de empréstimos do setor empresarial e dos consumidores por outro.

A fonte fiscal dessa arquitetura era a expansão do mercado interno e a expansão do mercado externo submetida a lógica Sul-Sul capitalizada essencialmente pela venda de commodities, especialmente aquele que viria do pré-sal. Com o aumento do endividamento, sobretudo os consumidores tomadores de empréstimo, a capacidade de absorção de mercadorias no mercado interno foi diminuindo. Com a queda do poder fiscal do Estado, com o aumento do endividamento do tesouro e a relativa queda dos preços das commodities, principalmente do petróleo, o equilíbrio tênue dessa economia política rachou. Ao trincar, abriu espaço para setores oposicionistas em diferentes frentes e segmentos dentro do território nacional e uma brecha para que os Estados Unidos pudesse fazer retroceder a política sul-sul esboçada desde 2005.

---

[24] O programa Luz Para Todos foi instituído pelo governo federal em 2005, seu objetivo era universalizar o acesso e uso da energia elétrica em todo país, sobretudo nas áreas rurais.

Setores oposicionistas dispersos, com interesses variados e contraditórios entre si, de diferentes esferas, de diferentes poderes e até a sombra, puderam se jogar no embate político com o intuito de derrubar o governo e fazer valer uma nova configuração da economia política nacional. Embora, identificados como oposição, muitos destes segmentos que se engajaram, mal tinham ideia de que economia política era essa a qual passaram a se opor, mas levados pelos setores conscientes do processo, estabeleceram um enxame de protestos que derrubaram o governo em 2016 e então ajudaram a esboçar uma requentada economia política a que trataremos mais à frente.

A desestabilização verde-amarela fez convergir setores empresariais diversos; a grande imprensa - os principais veículos de comunicação; setores da política partidária - MDB, PSDB, DEM[25] e um conjunto de pequenos partidos à direita no espectro político; setores do judiciário - principalmente o Ministério Público; setores da classe média brasileira acometidos por um forte ressentimento com a ascensão pelo consumo dos mais pobres e pelas políticas governamentais que os protegiam relativamente. Isso serviu como pano de fundo cultural para a desestabilização política que veio a seguir, dando vazão a um revanche de segmento de classe sob a bandeira de um tipo enviesado de identidade nacional (daí frases de efeito como "a *nossa bandeira jamais será vermelha*")[26]. Talvez o engajamento mais emblemático deste processo tenha

---

[25] DEM - Partido Democratas -, antigo Partido da Frente Liberal nos anos de 1990 e partido herdeiro direto da ARENA - Partido do governo militar entre 1964 e 1985.

[26] Entre os manifestantes verde-amarelos, a frase de efeito "a *nossa bandeira jamais será vermelha*" virou um mantra porque passaram a entender os governos do PT como governos comunistas, sem nenhuma base na realidade. Em 16 de novembro de 2016, uma manifestante chegou a confundir a bandeira do Japão com um símbolo comunista em um dos corredores da câmara dos deputados em Brasília. Ela gravou a

sido dos setores religiosos, principalmente os setores pentecostais e neopentecostais que contribuíram também com o pano de fundo cultural, uma vez que a identidade religiosa, na esteira da teologia da prosperidade, num estilo *self-made-man* guiado por Deus, também rechaça e encobre o escancarado embate de classes e segmentos de classes que se abriu. Além disso, acostumados a uma militância pela fé e com enorme capilaridade nos setores populares, os grupos religiosos foram lamentavelmente a principal correia de transmissão de desinformação política neste período.

Para entender como cada um destes setores e segmentos fizeram convergir seus interesses num plano de desestabilização que serviu como um banquete aos interesses de potências externas, é importante analisar cada segmento separadamente ainda que brevemente.

Começando pela grande imprensa, os principais veículos de comunicação mantinham um receio permanente de uma possível regulação da mídia pelos governos PT. Além disso, almejavam uma injeção de capital externo em suas corporações, algo que a constituição federal brasileira impossibilitava, mas que foi alterada por uma emenda constitucional em 2002, permitindo até 30 % de capital externo, condicionado a conhecimento e aval do congresso nacional. Para tanto, desde sempre optaram por editoriais ultraliberais para satisfazer seus próprios interesses corporativos, o interesse de seus acionistas e os interesses de parte de seus anunciantes. Isso desencadeou um bombardeio de notícias contra os governos petistas que se intensificaram em 2013.

Ainda no campo das grandes corporações de mídia no Brasil, elas passaram a financiar produções culturais com críticas liberais ao governo e, ao

---

cena e publicou em suas redes sociais manifestando fortemente sua indignação. Com a repercussão que ganhou ares jocosos, dias depois ela admitiu o erro.

mesmo tempo, fazendo elogios direto a uma visão de justiçamento e de paramilitarismo das forças de segurança, flertando com segmentos e grupelhos de extrema-direita que estavam à sombra[27]. Isso ajudou a criar uma episteme - ou aquilo que Milton Santos (2009) chamou de psicosfera - que fez convergir fascismos sociais e ultraliberalismo.

No campo da política partidária e das disputas pela hegemonia na esfera estatal em nível federal, partidos como o PSDB, associado ao DEM e ao MDB - que, aliás, era o partido do vice-presidente de Dilma Rousseff, Michel Temer -, vislumbraram nas jornadas de 2013 uma forma de vencer a disputa eleitoral contra o PT depois de três derrotas consecutivas. Vale ressaltar que os votos do PT, desde as eleições presidenciais de 2002, com a vitória do Presidente Lula, vinham decrescendo em grande medida pela alteração da opinião pública iniciada de forma sistemática pelos meios de

---

[27] Exemplo disso foi a sequência do filme *Tropa de Elite* 1 (2007) e 2 (2010) - Direção de José Padilha - sobre a atuação da elite da polícia militar do Rio de Janeiro; o filme *Real - O plano por trás da história* (2017) - Direção de Rodrigo Bittencourt - que narra os bastidores da formulação do Plano Real sob a tutela do então ministro Fernando Henrique Cardoso, que viria a ser presidente do Brasil pelo PSDB; *Polícia Federal: a lei é para todos* (2017) - Direção de Marcelo Antunez -, cujo enredo foi a operação Lava Jato. Recentemente tivemos a série, também dirigida por José Padilha, *O Mecanismo* (2018), uma espécie de *thriller* das relações de corrupção entre políticos e empreiteiros. No mercado editorial a série de livros Guia Politicamente incorreto: *Guia politicamente incorreto da História do Brasil* (2009), *Guia politicamente incorreto da América Latina* de Duda Teixeira e Leandro Narloch (2011) e *Guia politicamente incorreto da economia brasileira* de Leandro Narloch(2015). Os filmes e série tinham como objetivo identificar a opinião pública com as forças de segurança, a economia liberal e a narrativa de lei e ordem, apresentando direitos humanos, políticas antiliberais e partidos com plataforma social, especificamente o PT identificado com a corrupção, como o problema do país. Não obstante, a série de livros *Guia Politicamente Incorreto* foi publicada pela editora multinacional com sede em Portugal, Leya, uma espécie de holding editorial que funcionou como uma *think tank* nos países de língua portuguesa a partir de 2008. O cerne dos livros foi a busca por desconstruir políticas liberais e até ridicularizá-las.

comunicação e pelo desgaste do governo ao longo do tempo em meio às notícias de corrupção.

Nas eleições presidenciais de 2010, o candidato pelo PSDB, José Serra, fez uma articulação que se mostrará ainda mais perigosa para a estabilidade da economia política brasileira para a década que se inicia em 2021, mas do que se mostrou instável de 2013 até aqui. Daquela eleição em diante os religiosos pentecostais-neopentecostais cumprem papel central na desestabilização do governo. O candidato, adversário de Dilma Rousseff, buscou trazer para sua campanha e seu programa político grupos ligados às religiões pentecostais e neopentecostais, principalmente aqueles assentadas na teologia da prosperidade, uma vez que convergiam com a agenda ultraliberal e a reação nos costumes, adversários das políticas pró-homoafetivas e pró bem-estar das mulheres. Naquela campanha em especial, o então candidato trouxe a discussão de negação das políticas pró-aborto para mobilizar essas bases, mas a revelação que sua esposa, Mônica Serra, havia feito um aborto, na época em que viveram no exílio no Chile, tornou claro que seu moralismo como política mantinha apenas uma conveniência eleitoral para derrotar o PT naquelas eleições[28] (RAMOS, 2012).

---

[28] A colunista da Folha de São Paulo, Mônica Bergamo, publicou coluna em 16 de outubro de 2010 intitulada: *Mônica Serra conta ter feito aborto, diz ex-aluna.* <https://www1.folha.uol.com.br/fsp/poder/po1610201011.htm>.

Em dezembro de 2010 o *Wikileaks*[29], em meio à publicação de vários documentos confidenciais dos Estados Unidos, tornou público telegramas de 2009 entre a embaixada do país no Rio de Janeiro, representantes das petroleiras Chevron e Exxon Mobil, e políticos brasileiros, dentre eles o então governador do estado de São Paulo José Serra, que viria a ser candidato à presidência em 2010. Em telegrama de 2 de novembro de 2009 enviado à Washington, com o título *"A indústria de petróleo vai conseguir combater a lei do pré-sal?"* a representante da Chevron no Brasil relata diálogo com José Serra em que o então pré-candidato à presidente promete atender os interesses das petroleiras caso venha vencer as eleições. Ele perdeu para Dilma Rousseff!

O mesmo José Serra foi o ministro das relações exteriores assim que Dilma Rousseff foi derrubada em 2016, ele acabou sendo o grande articulador político do marco normativo que redefiniu a exploração e destinação dos recursos do pré-sal. Ainda em 2016 teve projeto de lei aprovado acabando com a obrigatoriedade de exploração do pré-sal pela Petrobras. Em 2019, já como senador da república, apresentou novo projeto de lei para acabar com a preferência da Petrobras em licitações das áreas de exploração, abrindo assim espaço para que as petroleiras pudessem atuar. Embora, considerando os leilões do pré-sal feitos logo após a saída de Dilma Rousseff, em 2017 e 2018, e os leilões que ocorreram em 2019 já dentro do marco normativo constituído

---

[29] Wikileaks é uma organização não-governamental com sede na Suécia que se dedica a publicar documentos confidenciais de Estados e empresas que podem ter interesse público. Seu principal editor e representante é o jornalista e ativista australiano Julian Assange que se encontra preso em Londres desde 11 de abril de 2019. Em 2010 e 2011, o Wikileaks publicou uma série de documentos com detalhes das operações dos Estados Unidos no Iraque e no Afeganistão, e um conjunto de telegramas da diplomacia do país, dentre os quais o que José Serra afirmava que se fosse presidente nas eleições de 2010 iria redefinir o marco legal do petróleo no Brasil em benefício das petroleiras.

pós-Dilma, a impressão que se tem é que a promessa do então candidato José Serra em 2009 veio tarde demais ou num momento em que as petroleiras têm que lidar com outras preocupações e opções no horizonte[30].

Nas eleições federais seguintes, em 2014, novamente o PSDB, agora com o candidato Aécio Neves, ex-governador do estado federado de Minas Gerais, terceiro maior colégio eleitoral do país, deu vazão à "guerra jurídica" - *Lawfare* -, o que foi depois continuado pela intitulada *operação lava jato*[31] - e

---

[30] Exxon, Chevron e Shell estavam habilitadas no leilão que o então presidente do Brasil, Jair Bolsonaro, promoveu dos campos de exploração do pré-sal, por meio da Agência Nacional de Petróleo, com mais outras 14 empresas, dentre elas a própria Petrobras. O leilão de quatro campos de exploração ocorreu em 6 de novembro de 2019, apenas dois dos campos receberam oferta, uma delas no consórcio firmado entre Petrobras e as chinesas *China National Offshore Oil Corporation* e a *China National Petroleum Corporation*, esta última por meio de uma companhia subsidiária. Ambas as empresas são de capital misto em que o Estado chinês detém 70 % do controle. No referido leilão, cada uma entrou com 5% do aporte de aproximadamente 70 bilhões de reais. De certa maneira, o leilão foi considerado um fracasso pelo desinteresse das empresas habilitadas, sobretudo as gigantes do petróleo estadunidense e as europeias. No entanto, o choque do petróleo recente entre Arábia Saudita e Rússia, as tentativas de promover um maior estrangulamento de Irã e Venezuela por parte dos Estados Unidos, bem como o aumento da produção de petróleo de xisto no mercado doméstico estadunidense e a queda do valor do barril a preços negativos em abril de 2020 no mercado estadunidense, somados ao valor de mais de 40 bilhões que deveriam ser ressarcidos à Petrobras pelos investimento já feitos no pré-sal, podem indicar que para as empresas habilitadas não era o momento de fazer investimentos num prazo de 30 anos como previa o leilão feito pela Agência Nacional do Petróleo. Caso Venezuela e Irã venham a trocar de regime num horizonte próximo, estas empresas terão acesso a reservas mais abundantes e provavelmente mais baratas, não obstante, a queda vertiginosa do preço do barril pode não compensar qualquer investimento no Brasil curto prazo. Daí a promessa de 2009 ter chegado numa hora ruim para os negócios das petroleiras.

[31] A operação Lava Jato, ainda em andamento, é a maior ação de combate a corrupção e lavagem de dinheiro protagonizada pelo Ministério Público e a Polícia Federal brasileira. A operação recebeu este nome em virtude de ter iniciado as investigações por uma rede posto de combustível e lavagem de automóveis em Curitiba em março de 2014, em que os primeiros investigados eram operadores do submundo do mercado de câmbio. Dos postos de combustíveis e lava jatos de Curitiba as investigações avançaram para contratos entre as principais empreiteiras do país e a

indica que aí a convergência de setores nacionais e internacionais ligados à política externa estadunidense estavam mais afinados. Ao ser derrotado nas urnas, o então candidato Aécio Neves e seu partido encaminharam uma batalha jurídica pelo cancelamento das eleições e pela cassação da chapa vencedora - Dilma Rousseff e Michel Temer - e passou a incentivar segmentos de extrema-direita acreditando que em algum momento seria capaz de colocá-los sob controle. Algo idêntico à chamada Revolução Laranja na Ucrânia em que o candidato pró-ocidente após perder as eleições para o candidato pró-Rússia desencadeou a *Lawfare* com o objetivo de cancelar as

---

Petrobras. Com forte apelo midiático, juízes e procuradores envolvidos na operação ganharam ares de heróis e celebridades na imprensa. Segundo a própria polícia federal foram mais de mil mandados de busca e apreensão, centenas de prisões temporárias, preventivas, conduções coercitivas e delações. Mensagens trocadas no aplicativo de smartphones Telegram entre o Juiz da operação, atualmente ministro da justiça, Sérgio Moro, e o procurador coordenador da força-tarefa, Deltan Dallagnol, publicadas pelo site The Intercept e seu editor-chefe Glenn Greenwald a partir de junho de 2019, numa série de reportagens chamada *As mensagens secretas da lava jato*, dentre o conjunto de elementos que as reportagens trouxeram à tona, talvez a mais importante tenha sido a reportagem publicada em 12 de março de 2020 em que fica claro a participação do Departamento de Justiça dos Estados Unidos e do FBI nas operações. Não obstante, o próprio Wikileaks revelou documentos do governo dos Estados Unidos de 2009 demonstrando que o ex-juiz da operação Lava Jato participou de um curso com o Departamento de Justiça dos Estados Unidos chamado Projeto Pontes, cujo objetivo era cooptar juízes e policiais federais para montar forças tarefas e aplicar leis bilaterais em cooperação com os Estados Unidos. A primeira atividade do Projeto Pontes ocorreu entre 4 e 9 de novembro de 2009 na cidade do Rio de Janeiro.

eleições exatamente dez anos antes do que ocorreu no Brasil[32] (WILSON, 2005).

De fato, houve uma primeira tentativa em 2008 com o chamado escândalo do mensalão, mas a diminuição relativa do mal-estar brasileiro naquele momento e a alta aprovação do governo impediram sua viabilidade. Em 2014, com a convergência dos setores já mencionados, o *Lawfare* à brasileira desencadeou um processo de criminalização da política inicialmente identificada com o PT, destruição da imagem pública e a inabilitação eleitoral de membros do partido, representado na máxima que virou uma crítica à operação, *"não tenho provas mas tenho convicção"*[33] que guiou os procuradores federais ao atribuir ao ex-presidente Lula e ao PT a responsabilidade por pagamentos de propinas das empreiteiras à Petrobras, com o objetivo de

---

[32] A Revolução Laranja na Ucrânia foi uma das primeiras experiências tipicamente de Guerra Híbrida em que setores nacionais se articulam com setores internacionais com o objetivo de derrubar um governo e provocar uma reforma radical da economia política do país. Apoiado pelos Estados Unidos o candidato pró-ocidente Viktor Yushchenko usou a cor laranja em sua campanha eleitoral em 2004 e então a cor laranja se tornou a cor do movimento de desestabilização política. A revolução laranja teve êxito em 2005 com a chegada de Yushchenko ao poder. Hoje se sabe que o movimento laranja foi largamente apoiado pelo Departamento de Estado dos Estados Unidos e *Think Tanks* com sede naquele país. Por outro lado, os derrotados pró-Rússia tinham forte apoio e suporte do Kremlin.

[33] A frase *"Não tenho provas mas tenho convicção"* não foi dita exatamente assim. Na apresentação da denúncia em que os procuradores da Lava Jato, Deltan Dallagnol e Henrique Pozzobon, chamam uma entrevista coletiva em que acusam o ex-presidente Lula de comandar junto com seu partido, o PT, uma organização criminosa para pilhar a Petrobrás, Deltan Dallagnol disse na verdade que tinha convicção que Lula era o comandante da organização criminosa e Henrique Pozzobon disse em outro momento na mesma coletiva que de fato não havia prova cabal que corroborasse a acusação. A coletiva foi convocada em Curitiba em 16 de setembro de 2016, ela ficou marcada pela apresentação de slides em que o nome de Lula aparecia no centro da apresentação conectado à diversos nomes que eventualmente faziam parte da organização criminosa que estava sendo apontada pelos procuradores. O fato de não haver provas cabais tornou a coletiva num espetáculo de pouco conteúdo jurídico.

enriquecimento e financiamento de campanhas, cujo ponto máximo foi a prisão do próprio ex-presidente Lula na véspera da eleição federal de 2018 em que despontava como líder nas pesquisas de opinião para ser eleito presidente. Sua prisão o tirou das eleições e abriu caminho para que Jair Bolsonaro fosse então eleito e posteriormente nomeasse o juiz da operação, Sérgio Moro, como seu ministro da justiça e segurança pública. Sem dúvidas a lava jato como mecanismo de investigação da corrupção entre agentes públicos e privados era necessária, mas ela se transformou na fábrica de discurso para forças antidemocráticas enquanto seus protagonistas se transformavam em políticos, celebridades e subcelebridades.

A elevação da intensidade da guerra jurídica representada pela operação lava jato produziu suas contradições, mas não sem antes ajudar na convergência dos desestabilizadores verde-amarelo. Primeiro, como mostrou conversas vazadas dos procuradores federais da operação Lava jato, ela estava sob observação do Departamento de Justiça dos Estados Unidos ao menos desde 2015. Não obstante, ela tinha como primeiro alvo criminalizar o PT e travar os negócios das grandes empresas ponta de lança do governo, algumas das quais concorrentes direto das empresas estadunidenses em operações na América Latina.

Num segundo momento, a lava jato passou a criminalizar todo o *establishment* político e aí há pelo menos uma hipótese que somente o futuro irá revelar. A criminalização ampliada criou as condições para a emersão de forças totalmente pró-estadunidense em meio a guerra comercial entre Estados Unidos e China. Tais forças poderiam surgir no próprio seio do judiciário, entre juízes e procuradores, numa espécie de neotenentismo[34], reforçando

---

[34] O tenentismo foi um movimento político entre oficiais de baixa patente do exército brasileiro na década de 1920. Críticos da chamada república velha que durou até 1930, parte das lideranças do movimento ocuparam cargos em toda a Era Vargas. A

uma percepção de justiçamento, manipulando uma narrativa anticorrupção, lei e ordem. O que até este momento pode ser indicado pela transformação do principal juiz da operação, Sério Moro, em herói nacional por setores da grande imprensa e sua consequente nomeação para o que ficou conhecido como super ministro da justiça do governo de extrema-direita de Jair Bolsonaro - ex-capitão do exército - vitorioso nas eleições federais de 2018.

Aqui é necessário outro parênteses, a convergência de operadores da guerra jurídica, setores militares e paramilitares - milicianos -, deu capilaridade à desestabilização verde-amarela, o que não se fez sem uma dose superior de caos político e a transformação de órgãos do governo em grupos de extermínio. Exemplos não faltam, mas a recente política de abate do Governador eleito no Rio de Janeiro Wilson Witzel[35] e a rebelião policial no estado federado do Ceará abertamente apoiada pelo presidente da república, que coincidentemente é governado por um governador do PT - Camilo Santana, demonstram a situação de ingovernabilidade[36].

---

principal exceção foi Luiz Carlos Prestes que acabou se transformando numa liderança comunista em oposição ao governo de Getúlio Vargas.

[35] Eleito na sombra que levou Jair Bolsonaro à presidência em 2018, o então Juiz Wilson Witzel, adotou o que ficou conhecido de política do abate na área de segurança pública. Desde que foi eleito o governador do estado do Rio de Janeiro vem autorizando que policiais atirem para matar em eventuais criminosos. Em 2019 essa política deixou oito crianças mortas em comunidades pobres do estado. Ainda em 2019 o governador foi denunciado à Organização dos Estados Americanos em decorrência de sua política de segurança.

[36] O Motim de membros das forças de segurança pública do estado do Ceará durou 13 dias entre 18 de fevereiro e 1 de março de 2020, com reivindicações salariais os policiais paralisaram a segurança pública no estado. Durante o motim foram registrados segundo a própria secretaria de segurança 312 assassinatos no estado. Mais de 300 policiais foram afastados por 120 dias e responderam processo disciplinar.

Um outro canal desses novos políticos foram e ainda são os movimentos que surgiram apoiadas por *think tanks* nacionais e internacionais como o *Movimento Brasil Livre*, o *Revoltados Online* e, dentre outros, o *Vem Pra Rua* (FIRMINO, 2016), que sem ter qualquer base o *know how* político de base, buscou domínio nas redes de conexão digitais - Facebook, Whatsapp, Youtube e Twitter. O MBL embora oficialmente tenha negado qualquer vínculo, teve financiamento da *Think Tank* estadunidense *Student of Liberty*. Já o *Vem pra rua* teve o suporte da Fundação Estudar, criada pelo mega empresário suíço-brasileiro Jorge Paulo Lemann, um dos homens mais ricos do país e entre um dos empresários mais ricos do mundo. Já o financiamento do movimento *Revoltados on line* tem sido um mistério desde sua criação[37]. As *think tanks* funcionam como fábrica de opiniões e informações sobre temas que estão na agenda da sociedade civil; seu objetivo é ampliar, por meio do engajamento da opinião pública, a capacidade de interferir em decisões políticas. No caso da desestabilização verde-amarela, os movimentos *on-line pró-impeachment* e *reboot* da economia política funcionaram como braço difusor de informação, desinformação e ideias por meio de redes sociais digitais.

Estes e outros movimentos similares foram importantíssimos para a desestabilização política, flertaram com uma agenda facholiberal embora se

---

[37] Em reportagem da BBC de 13 de março de 2015, o jornalista Ricardo Senra revela algumas das fontes de financiamento destes movimentos (https://www.bbc.com/portuguese/noticias/2015/03/150313_financiamento_protestos_rs).
Em 27 de maio de 2016 o portal de notícias UOL revelou por meio de áudios vazados à imprensa que os Partidos MDB e Solidariedade também ofereciam suporte a estes movimentos (https://noticias.uol.com.br/politica/ultimas-noticias/2016/05/27/maquina-de-partidos-foi-utilizada-em-atos-pro-impeachment-diz-lider-do-mbl.htm).
Em 29 de setembro de 2017 o El Pais revelou que os recursos arrecadados pelo MBL seguiam para uma associação privada de três irmãos que até aquela data respondiam por mais de 120 processos (https://brasil.elpais.com/brasil/2017/09/26/politica/1506462642_201383.htm).

declaram a favor de liberdades individuais, o que acabou por fomentar um forte ambiente de policiamento e controle social da economia à cultura. Sem conhecer a natureza de crises econômicas, não dispor de soluções anticíclicas a não ser intensificar a desestruturação do Estado, colocar o território e seus recursos à venda, cometeram o erro de dar voz a posições de extrema-direita brasileira pela conveniência de seus projetos. Caíram na mesma armadilha dos partidos políticos à direita, ajudaram a fomentar forças das quais não tinham a menor capacidade de controle.

O episódio mais grotesco protagonizado por esses movimentos talvez tenha sido o cancelamento da exposição de artes "Quermuseu" em 2017 em Porto Alegre, em que estes grupos assumiram uma posição de pressionar a opinião pública e os organizadores do evento para que ele fosse cancelada, porque a temática da exposição trazia obras com conteúdo LGBT principalmente. Desde as eleições municipais de 2016 esses grupos assumiram posições de extrema-direita e elegeram seus representantes em diversos níveis de governo. Em 2019, um dos vereadores eleitos a partir da atuação no MBL, Fernando Holiday, negro e assumidamente gay, formulou um projeto de lei municipal para restringir os mecanismos do aborto legal feito por mulheres na cidade de São Paulo, com a possibilidade de internação psiquiátrica para elas, inclusive em situações de gravidez por violência sexual.

Os militares, que jamais foram de alguma forma progressistas, embarcaram por dois motivos muito simples: manter seus privilégios diante da possibilidade de qualquer reforma do Estado e se preservarem das investigações e informações levantadas pela comissão nacional da verdade, criada em 2011 e instituída em 2012. A comissão surgiu com a finalidade de investigar violações dos direitos humanos entre 1946 e 1988, principalmente os episódios de tortura ocorrido dentro de instalações militares. Os militares apostaram que uma liderança de extrema-direita pudesse blindá-los disso e que seriam capazes também de estabelecer mecanismos de tutela.

Parte do empresariado acreditou que a diminuição dos gastos públicos em áreas sociais e o aumento da superexploração do trabalho pudessem ser funcionais aos seus negócios. Sem compreender que a dilapidação do trabalho desestrutura o mercado de consumo e a demanda por mercadorias e crédito, e que o gasto público pavimenta os negócios do setor privado, também se engajaram numa agenda facholiberal. Começaram a cair na realidade quando as estatísticas de consumo e endividamento dos pobres começaram a bloquear o ambiente de negócios.

Segmentos da classe média também embarcaram numa mistura de ressentimento em relação à emersão relativa dos pobres num cenário mais favorável de políticas públicas, se colocaram de cabeça numa meritocracia enviesada e valores neoliberais. Pouco a pouco perceberam que o subconsumo dos pobres também os atinge, sobretudo aos profissionais liberais e donos de pequenas empresas que vêem seus produtos e serviços perderem demanda. No entanto, foram bastante suscetíveis a narrativa da corrupção sistêmica que de fato é a tônica da relação entre grupos políticos e grupos econômicos, ficaram a mercê da evocação do nacionalismo e do elogio ao justiçamento e violência por parte do Estado contra segmentos mais abaixo na pirâmide. Não obstante, ficaram em êxtase com a prisão de políticos na guerra jurídica e no espetáculo que se tornou a operação da lava jato. A desinformação, as notícias falsas e as falsas verdades difundidas neste momento pegaram segmentos da classe média de assalto e os impediram de entender a que processo estavam respondendo. A deterioração do seu padrão de vida começou a chegar a porta!

Outro segmento muito suscetível as falsas verdades, ao moralismo, à negação dos direitos humanos e a agenda ultraliberal foram os setores religiosos. Incentivados por suas lideranças e bombardeados de desinformação, estes segmentos que via de regra vivem do seu trabalho, ajudaram a legitimar a desproteção social e a política de precarização de sua própria mão-de-obra. Acometidos por uma fobia das políticas de proteção aos pobres, aos negros, mulheres e pessoas LGBT, associado a teologia de prosperidade de suas igrejas, foram fundamentais no voto para candidaturas facholiberais, bem como fundamentais na transmissão de falsas verdades em seu entorno imediato. No auge da pandemia de COVID-19 foram os principais entre os negacionistas da pandemia e dos protocolos médicos para sua contenção. Estes setores me parece os mais suscetíveis a um duplipensar perverso, o *reboot* da economia política exigiu seu apoio e até protagonismo, mas foram os primeiros a ser atingidos pela precarização do trabalho e a queda do gastos sociais pelo Estado, enquanto suas lideranças navegaram e navegam no pensamento facholiberal que ganhou força após 2013. Em qualquer cenário, na próxima década estes grupos serão vitais, mas também enfrentaram desafios, quiçá perseguições!

6. BRASIL: CENÁRIOS PARA A PRÓXIMA DÉCADA

A apresentação dos eventuais cenários da maneira como as disputas pelo Estado territorial brasileiro irão se estabelecer na próxima década, bem como a materialidade de sua economia política e inserção internacional, não representam nenhum tipo de exercício de futurologia, ao contrário disso, significa estabelecer eventuais retratos da maneira como Estado e Sociedade brasileira, nas suas contradições e segmentações, provavelmente irão se comportar nos próximos anos.

O pano de fundo do que pode ser a opção brasileira não pode estar dissociado de ao menos dois cenários no embate de hegemonia que se acirrou com a crise sanitária do COVID-19 e a consequente crise econômica que esta pandemia ajudou a intensificar.

Assim, no âmbito das hegemonias do capitalismo da primeira metade do século XXI me parece que o esforço multipolar entrará num acirramento bipolar em que EUA, por ora em declínio de liderança, e China, por ora em franco processo de ascensão, irão buscar caminhos completamente opostos e que mantêm cada um suas contradições.

A experiência histórica e sua materialidade geográfica demonstram que a cada hegemonia do capitalismo o lapso de tempo de sua duração tem ficado cada vez mais breve. Se pegarmos como referência Portugal, Espanha e Holanda, suas respectivas capacidades de construir um cenário internacional, ligando povos e lugares de forma brutalmente hierárquica, levaram quase três séculos para sentir a relativa perda de liderança e poder. A hegemonia estadunidense que se consolida de fato no pós 1945, com o fim da segunda guerra mundial, não levou mais que 70 anos para se ver abalada.

Neste sentido, é muito provável que os Estados Unidos aumentem o grau de caos sistêmico em decorrência do declínio de sua liderança sem necessariamente ter abalado seu potencial econômico, político e cultural. Isso implica afirmar que um conjunto de conflitos regionais e guerras não convencionais serão estimulados pelo país em sua estratégia de frear o avanço da China, dentre os quais o aumento das ações de desestabilização e desinformação mundo a fora de parceiros chineses. Na configuração de sua materialidade econômica interna, me parece claro, seja com a opção Trump ou outra, os Estados Unidos será levado pelos pactos de governo a estabelecer um grau maior de protecionismo e repatriação do parque produtivo. Isso fará elites econômicas de outros países descobrirem que seus negócios estão fora dos planos.

O paradoxo desta opção na gestão doméstica e que parte das empresas mundializadas terão que abrir mão de suas margens de lucro, o que contraria o metabolismo do capital e a própria mundialização da qual foram grandes operadores. Ainda no plano doméstico o país terá que resolver se sua estratégia será ainda pautada no esgarçamento do tecido sócio-político-territorial com fortes e intensos conflitos raciais e de classe ou se fará convergir a desestabilização do ambiente internacional com o aumento do bem-estar doméstico para grupos e segmentos de classe em processo de marginalização e desprotegidos. Como se viu nos casos de interdição ao acesso ao sistema de saúde no país uma vez que ele é quase totalmente privado, as tensões internas serão um desafio a mais.

Por outro lado, é provável que a China aumente seu grau de agressividade econômica no cenário internacional consolidando uma estabilidade hierárquica com os demais países do mundo, uma vez que na década anterior o país atuou redefinindo a estrutura produtiva e comercial de vários países segundo sua estratégia de ascensão. Diferentemente dos Estados Unidos na próxima década, a China advogará como nunca a necessidade de fazer avançar a mundialização econômica para simultaneamente transbordar suas mercadorias para os seus parceiros comerciais e obter deles os insumos de produção, numa requentada estratégia de vantagens comparativas. O que por sua vez reforça o poder das elites operadoras do setor primário em todo mundo dificultando aí o fortalecimento de outros modelos de projeto nacional. Neste linha, a China irá oferecer ao caos sistêmico uma ordem, e como escreveu Arrighi (1996) quem oferece ordem ao caos sistêmico conquista o status de hegemonia.

No plano interno, ao flexibilizar a política do filho único, o país que é potencialmente ¼ do mercado de trabalho e consumo do mundo, que a despeito da financeirização, é o que move o modo de produção, a China irá garantir a estabilidade dos preços de sua força de trabalho e mercadorias no plano interno. E, não obstante, fazer do seu capital financeiro o dono da infraestrutura e sistemas de engenharia em vários países do mundo reelaborando a rota da seda.

Cabe aqui traçar uma diferença importante que me parece que ajudou dilapidar a hegemonia dos Estados Unidos e irá contribuir para a força chinesa. O *american way of life* era uma promessa que jamais se cumpriu a todos no cenário doméstico e no cenário internacional. Uma de suas dimensões foi o desenvolvimento de marcas corporativas que projetadas nas mercadorias as torna inacessíveis para vastos segmentos da população doméstica e da população em outros países, acirrando sentimentos difusos de exclusão e de impossibilidade de cumprir uma promessa. No caso da produção de mercadorias chinesa, a estratégia é oferecer a quase todos os segmentos da população, inclusive os mais pobres, mercadorias, que ainda que não mantenham a sofisticação técnica a medida que vão sendo destinadas aos grupos mais pobres de determinada população, oferece aos mais pobres a condição de consumo, criando condições psicológicas de pertencimento por este viés. Um adendo a isso é o limite de recursos naturais que sustente essa acumulação no longo prazo.

Uma outra coisa fundamental é o fato de que os Estados Unidos precisa manter gastos exponenciais com sua política externa, sobretudo quando envolve ações militares. A China, por sua vez, ao encaminhar sua política de ascensão pacífica vai gastando seus recursos para fortalecer sua economia, seu parque técnico-industrial e seu aparelho de Estado. Um paradoxo importante a deixar registrado sobre este fundo geopolítico é que em todos os países que recentemente sofreram processos semelhantes a desestabilização patrocinada por Washington acabou beneficiando Pequim pela capitalização atual do Estado Chinês. Não à toa boa parte do que foi privatizado do Estado brasileiro desde 2016 foi comprado por empresas estatais ou com controle estatal Chinês.

Cenário 1 - O consenso à direita e economia política Friedman-Keynes

O cenário mais provável para o Brasil nos próximos anos é a formação de um bloco hegemônico na esfera estatal e na sociedade civil liderado pela direita liberal, às voltas com a necessidade de implantar políticas anticíclicas de matriz keynesiana, o que exige presença do Estado na elaboração e na ação propriamente dita de proteger e incentivar a demanda por mercadorias, infraestrutura, capitais, trabalho e crédito, de tal forma a proteger o trabalho e os trabalhadores do setor público, do setor privado e os informais, que vinham sendo dilapidados por essa mesma direita em sua obsessão ultraliberal.

Acostumada a agir e fomentar fascismos sociais essa mesma direita terá que enquadrar e limitar a ação e atuação da extrema-direita que ela ajudou a parir para desestabilizar os governos do PT e terá, se quiser obter sucesso em sua intenção hegemônica na próxima década, se reconciliar com a esquerda partidária que ajudou a criminalizar.

Não obstante, terá que redefinir a narrativa de crise fiscal, mediante a alterações na perspectiva da dívida pública nacional que transfere parte dos recursos do Estado para o setor financeiro e na mais completa liberação dos superícos do país de pagamento de impostos. A alteração desta narrativa será necessária para liberar recursos para medidas de proteção social e econômica, sob pena de não obter sucesso.

Há um esgotamento dos níveis de exploração do trabalho no país, o aumento dos níveis de exploração absoluta e relativa, sobretudo após as jornadas de 2013, reforma trabalhista - ou que tirou direitos trabalhistas -, a lei orçamentária que congelou os gastos públicos por duas décadas e a reforma da previdência. A diminuição do salário indireto - serviços de saúde, educação, moradia, transporte - oferecido pelo Estado e as reformas em questão criaram a crise de demanda que se verificou desde antes da crise de 2019. Se insistir neste caminho este cenário não durará muito.

Se optar por um keynesianismo aos ricos e continuidade de políticas agressivas para aqueles que vivem do trabalho, o esgarçamento do tecido social que vemos hoje não terá condições de ser minimizado ou revertido. Esse é um paradoxo que não poderá permanecer. Embora, sejamos francos, esta é uma mudança de paradigma para a elite atrasada e conservadora do país que tem na direita liberal sua liderança e porta voz político.

Por outro lado, essa liderança à direita terá que lidar com o seu próprio paradoxo de subserviência. Com a agenda de proteção nacional cada vez mais evidente nos Estados Unidos, com a qual as elites nacionais tem uma identificação cultural subordinada, e a redefinição dos círculos de cooperação da China com o Brasil, de tal modo a provocar certa dependência econômica, este bloco hegemônico à direita terá que decidir em algum momento a quem se alinhar, o parceiro comercial mais importante e aberto ao comércio ou ao parceiro comercial também importante mas cada vez mais agressivo em suas políticas de proteção[38]. Em meio a pandemia de COVID-19 os EUA passaram a agir como piratas, sequestrando insumos hospitalares vindos da China para outras partes do mundo, inclusive do Brasil. Não obstante, a China por sua vez por vários momentos especulou com o preço dos insumos e equipamentos até tornar a assistência sanitária em política externa numa espécie de rota da seda sanitária.

Cenário 2 - Extrema direita e a economia política facholiberal

Este segundo cenário parece improvável de permanecer e se por acaso continuar, porque é nele que estamos no momento destas reflexões, será um fiasco de proporções traumáticas. Liderado pela extrema-direita, sem a menor condição de hegemonia, este é um cenário de criminalização das lutas defensivas e ofensivas contra o Estado e as desvantagens sociais que ele

---

[38] Em meio a pandemia de COVID-19 os Estados Unidos deu mostras de como será esse processo ao sequestrar insumos e equipamentos médicos com destino ao Brasil. O governador do estado da Bahia, Rui Costa, e o governador do estado do Maranhão, Flávio Dino, tiveram que comprar equipamentos e insumos por rotas comerciais que não passaram pelos Estados Unidos com receio que não chegassem. Quando os registroS oficiais identificaram mais de 20 mil mortos no Brasil, os EUA anunciaram o fechamento aos fluxos aéreos de passageiros vindos Brasil.

cristaliza em norma, regulação e política, com uma alta dose de exploração do trabalho e diminuição radical do gasto público. O calcanhar de Aquiles deste cenário é sua incapacidade de gerar consenso uma vez que seus operadores convergiram em torno de mecanismos de desestabilização.

Juntos para desestabilizar a economia política não sabem estabilizar o *establishment* político. Seu governo não é outra coisa que não o caos, o que torna o ambiente de negócios que tanto prezam e tentam salvaguardar em um ambiente impossível. A pandemia do COVID-19 acelerou exatamente esta característica. As ações de tensionamento do presidente Jair Bolsonaro no auge da crise sanitária na verdade é expressão limite do caos no governo que este cenário, sua agenda e operadores representam.

A principal improbabilidade de permanência deste cenário é a brutal crise de demanda de capitais, trabalho, mercadoria, infraestrutura e crédito que ele foi capaz de criar, bem como a transferência de investimento do tesouro para o rentismo puro das bolsas de valores, que invariavelmente costumam fazer desaparecer investimentos a cada crise econômica. Os economistas liberais já deveriam ter apreendido que os ciclos de crise do capital são uma mórbida recorrência e não as enfrenta com mais liberalismo.

Parte importante dos grupos de interesse que foram protagonista da desestabilização verde-amarela aderiram a este programa de regulação econômica. Empresas, segmentos partidários, militares, segmentos das classes médias, parte dos principais grupos de comunicação e segmentos populares. Pouco a pouco cada grupo e segmento foi percebendo os limites desta agenda em criar o ambiente econômico dinâmico e o ambiente político estável necessário para seus respectivos negócios. Em pouco tempo essa agenda vai ficando restrita essencialmente a grupos da lei e ordem, segurança pública, paramilitares e grupos religiosos, certamente pela evocação do fundamentalismo cristão e do nacionalismo enviesado que a agenda facholiberal produziram. Essa é sem dúvida a agenda da desestabilização. Desde Hobbes e o Leviatã se sabe que o ambiente político estável é fundamental para evitar a "guerra de todos contra todos".

Um suspiro para esse cenário é a mobilização de setores religiosos e milicianos ou paramilitares, no entanto, sem uma base civil maior e o caos (não) administrado será improvável que perdure pela próxima década embora o imaginário que ele evocou possa perdurar por mais tempo e tensionar a direita liberal e os setores progressistas.

Como Chronos, a desestabilização verde-amarela foi comendo cada um dos seus filhos!

Cenário 3 - O consenso progressista e os dilemas do reformismo

Este é um cenário que não está dado para a próximo década, ele precisará ser construído. Seu maior desafio será fazer convergir forças progressista capazes de abrir mão da liderança hegemônica para compartilhar protagonismo e poder em nome do avanço de uma democracia ainda restrita, de baixa intensidade e que está sob assalto, para seguir em direção à uma democracia ampliada, que por sua vez terá que sensibilizar setores conservadores e demonstrar a eles a necessidade de políticas de governo que garantam equidade e maior autonomia para setores subalternos.

As dificuldades são muitas, a principal delas é trazer parte da grande imprensa, da opinião pública, dos principais setores econômicos e parte das elites acostumadas historicamente com privilégios e com o patrimonialismo estatal. Será necessário redefinir a métrica fiscal do Estado, rever a dívida pública e impor impostos as grandes fortunas para financiar políticas de proteção social e investimento, enquadrar as forças armadas, criminalizar as milícias, a produção de desinformação e a qualquer tipo de guerra jurídica.

No plano externo terá que apostar numa versão crítica da política Sul-Sul para evitar sair da sombra dos EUA e entrar na sombra da China. O que implica uma política de médio e longo prazo de substituição de exportações.

No plano interno terá que estabelecer regulações no setor de comunicações e no sistema financeiro de modo a garantir estabilidade econômica e evitar novas versões de revoluções híbridas televisionadas, o que implica em dificuldades de trazer estes setores para a construção deste consenso.

Um senão importante deste cenário é a importância urgente de reverter o guerra jurídica lançando contra o PT e da capacidade do partido em evitar a ânsia hegemônica neste consenso, abrindo possibilidades para forças políticas progressistas fora do partido.

Este cenário apresenta muitas tensões e contradições, mas seu limite talvez seja o mais claro e evidente do que os outros dois, uma vez que dentro do Estado liberal dependente há limites muito tangíveis para políticas de democratização da democracia e de proteção econômica e social dos mais pobres. A desestabilização verde-amarela teve seu início exatamente para evitar que esse processo pudesse ser desencadeado.

É esta pactuação que precisaremos na próxima década sob pena de entrarmos o próximo período geopolítica/político como um Estado de fascismos sociais, vigilância e predador não apenas das camadas mais populares, como historicamente ocorre no país. Estamos no limiar de um Estado de barbárie.

Pelo desejo secular de ordem hierárquica da sociedade brasileira, não vejo no horizonte qualquer ruptura institucional que avance pautas progressista. Pelo menos não na próxima década!

Neste sentido, se as forças políticas à direita e as forças progressistas da sociedade civil não forem capazes de estabilizar o ambiente da economia política nacional é provável que a agenda *facholiberal* permaneça com a possibilidade de ruptura institucional e interdição do ambiente democrático. A instabilidade e a incerteza impulsiona a guerra de todos contra todos e, em nosso caso, pode intensificar um ambiente de guerra civil molecular (SOUZA, 2008) em que aqueles que têm mais poder se armaram do Estado.

O Brasil da próxima década está em marcha, está em franca disputa e a desestabilização verde-amarela e a Guerra Híbrida continuam acontecendo!

Parafraseando o anarquista espanhol e combatente na guerra civil contra o exército de Franco, Buenaventura Durruti, *facholiberalismo* e a desestabilização verde-amarela não se debate, se combate![39]

---

[39] A frase dita por Durruti é: "Fascismo não é para ser debatido. É para ser destruídoi".

REFERÊNCIAS BIBLIOGRÁFICAS

ANDRÉ, André Luís. **Ensaios**: Geopolítica, Cidade e Violência. Brasil, AGBOOK, 2016.

______________. Por uma geografia ontológica! reflexões sobre os territórios urbanos transfronteiriços na América do Sul. **Caribeña de Ciencias Sociales**, n. mayo, 2019.

ARRIGHI, Giovanni. **O longo século XX: dinheiro, poder e as origens de nosso tempo**. Rio de Janeiro: Contraponto, 1996.

ATHAYDE, Celso; MEIRELLES, Renato. **Um país chamado favela**. São Paulo: Editora Gente, 2014.

BRAUDEL, Fernand. **A dinâmica do capitalismo** [The dynamic of capitalism]. Editora Rocco. Rio de Janeiro, 1987.

______________. **História e ciências sociais**: a longa duração, 1992.

CASTELLS, Manuel. **O poder da identidade**. Editora Paz e Terra, 2018.

CORBIN, Caroline Mala. **Trump's Lies**: The Unconstitutionality of Government Propaganda. Ohio State Law Journal, Forthcoming, 2020.

DUNLAP JR, Charles J. **Lawfare today**: A perspective. Yale J. Int'l Aff., v. 3, p. 146, 2008.

DUPUIS-DÉRI, Francis. **Black blocs**. São Paulo: Veneta, 2014.

FIRMINO, Gustavo Casasanta. Conservadorismo liberal e classes médias: uma análise do 'Vem Pra Rua'e do 'Movimento Brasil Livre'. **X Seminário do Trabalho. Trabalho, crise e políticas sociais na América Latina**, 2016.

FORRESTER, Viviane. **Uma estranha ditadura**. Unesp, 2001.

FOUCAULT, Michel. **Power: The Essential Works of Michel Foucault 1954-1984**. Penguin UK, 2019.

FRIEDMAN, George. **A próxima década**. Leya, 2012.

FUKUYAMA, Francis. **O fim da história eo último homem**. Rio de Janeiro: Rocco, 1992.

GAARDER, Jostein; HELLERN, Victor; NOTAKER, Henry. **O livro das religiões**. Editora Companhia das Letras, 2005.

GROPPO, Bruno. O comunismo na história do século XX. **Lua Nova: Revista de Cultura e Política**, n. 75, p. 115-141, 2008.

GULLO, Marcelo. **Insubordinación y desarrollo**. Las claves del éxito y el fracaso de las Naciones. Buenos Aires, Ed. Biblos, 2012.

HARVEY, David. **Cidades rebeldes:** do direito à cidade à revolução urbana. 2014.

______________ et al. **Cidades Rebeldes:** Passe livre e as manifestações que tomaram as ruas do Brasil. Boitempo Editorial, 2015.

JOYEUX, Maurice. **Reflexões sobre a Anarquia**. Archipélago, 1992.

KITTRIE, Orde F. **Lawfare: O direito como arma de guerra** . Oxford University Press, 2016.

KONDER, Leandro. **As idéias socialistas no Brasil**. Editora Moderna, 1995.

KORYBKO, Andrew. **Guerras híbridas.** Expressão Popular: São Paulo, 2018.

LEFEBVRE, Henri. **Critica della vita quotidiana**. Edizioni Dedalo, 1977.

______________. **O direito à cidade**. São Paulo: Centauro, 2001.

LEVITSKY, Steven; ZIBLATT, Daniel. **Como as democracias morrem.** Zahar, 2018.

LLOSA, Mario Vargas. **Sabres e utopias: visões da América Latina.** Objetiva, 2009.

MBEMBE, Achille. **Necropolitica.** Santa cruz: Ed. 2011.

ORWELL, George. **A revolução dos bichos**. Editora Companhia das Letras, 2007.

______________. **1984**. São Paulo: Companhia Editora Nacional, 2005.

PAUL, Christopher; MATTHEWS, Miriam. The Russian "firehose of falsehood" propaganda model. **Rand Corporation**, p. 2-7, 2016.

PINHEIRO, Eloísa Petti. **Europa, França e Bahia:** difusão e adaptação de modelos urbanos–Paris, Rio e Salvador. SciELO-EDUFBA, 2011.

RAMOS, Jair de Souza. Toma que o aborto é teu: a politização do aborto em jornais e na web durante a campanha presidencial de 2010. **Revista Brasileira de Ciência Política**, n. 7, p. 55-82, 2012.

RODRIGUES, Glauco Bruce; RAMOS, Tatiana Tramontani. A ESPACIALIDADE DOS CONFLITOS SOCIAIS: AS JORNADAS DE JUNHO DE 2013. **Para Onde!?**, v. 11, n. 1, p. 90-104, 2019.

RUFFIN, Roy. David Ricardo's discovery of comparative advantage. **History of political economy**, v. 34, n. 4, p. 727-748, 2002.

SAID, Edward W. **Cultura e imperialismo** . Vintage, 2012.

SAN MARTÍN, Hugo. **La Guerra Híbrida Rusa Sobre Occidente**. Page Publishing Inc, 2019.

SANTOS, Boaventura de Sousa. Os fascismos sociais. **Folha de S. Paulo**, v. 6, n. 09, 1998.

SANTOS, Milton. **Espaço e método**. São Paulo: Nobel, 1985.

______________ **Por uma outra globalização**: do pensamento único à consciência universal. 18ª. Ed. Rio de Janeiro: Record, p. 17-36, 2009.

SOLOMOU, Solomos. **Fases do crescimento econômico, 1850-1973: ondas de Kondratieff e oscilações de Kuznets** . Cambridge University Press, 1990.

SOUZA, Marcelo José Lopes. **Fobópole:** o medo generalizado e a militarização da questão urbana. Bertrand Brasil, 2008.

WILSON, Andrew. **Ukraine's orange revolution**. Yale University Press, 2005.

WOODCOCK, George. **História das idéias e movimentos anarquistas: o movimento**. L&PM, 2008.